Klasse(n)-Deko

kleiner Aufwand – große Wirkung

Silke Bachner

25 einzigArtige Kunst-Projekte
für das ganze Jahr

Verlag an der Ruhr

Impressum

Titel
Klasse(n)-Deko
kleiner Aufwand – große Wirkung
25 einzigArtige Kunst-Projekte für das ganze Jahr

Autorin
Silke Bachner

Titelbildmotiv/Fotos Innenteil
Silke Bachner, Martina Engert

Verlag an der Ruhr
Mülheim an der Ruhr
www.verlagruhr.de

Geeignet für die Altersstufen 1–4

Unser Beitrag zum Umweltschutz:
Wir sind seit 2008 ein ÖKOPROFIT®-Betrieb und setzen uns damit aktiv für den Umweltschutz ein. Das ÖKOPROFIT®-Projekt unterstützt Betriebe dabei, die Umwelt durch nachhaltiges Wirtschaften zu entlasten. Unsere Produkte sind grundsätzlich auf chlorfrei gebleichtes und nach Umweltschutzstandards zertifiziertes Papier gedruckt.

ISBN 978-3-8346-3110-7

Printed in Germany

Inhaltsverzeichnis

Vorwort

Dieses Buch ist in der Praxis entstanden – in unzähligen Kunstprojekten mit Kindern und Jugendlichen aller Altersstufen, in der Schule, während des Kunstunterrichts, in Projektwochen und AGs.

Die Schüler* haben die vorgestellten Projekte ausprobiert und weiterentwickelt, sie haben sich selbst mit ihren Ideen eingebracht und mit der ursprünglichen Aufgabenstellung experimentiert. Das führte oftmals zu neuen und überraschenden Ergebnissen, manchmal ist etwas schiefgegangen, immer hat es sehr viel Spaß gemacht. Fast nebenbei sind dabei wunderschöne Dekorationen für den Klassenraum entstanden. Das eigene kreative Gestalten und das fantasievolle Dekorieren des Klassenraums tragen dazu bei, dass Schule zu einem Ort wird, an dem sich Schüler und Lehrer gern aufhalten. Die Bilder und Objekte von Kindern haben einen besonderen ästhetischen Charakter. Gerade das Unperfekte, das Schiefe, das Krumme, das Schräge verleiht den Gestaltungen ihren besonderen Charme und macht sie im Gegensatz zu Schablonenarbeiten zu etwas Besonderem und Individuellem.

Dieses Buch möchte Sie dazu ermutigen, die hier vorgestellten Projekte auszuprobieren, selbst mit ihnen zu experimentieren, sie abzuwandeln oder auch zu verwerfen. Lassen Sie sich dabei von Ihren Schülern leiten. Kinder sind meist die größeren Experten beim Entwickeln und Umsetzen von originellen und fantasievollen Ideen.

Alle hier vorgestellten Projekte eignen sich für **Grundschüler der Klasse 1 bis 4**. Viele der Projekte lassen sich auch gut mit älteren Schülern umsetzen, alle Projekte sind inklusiv. Sie lassen sich sowohl im Kunstunterricht als auch in AGs durchführen und eignen sich für ganze Klassen und kleinere Gruppen. Die Dekorationen sehen natürlich nicht nur im Klassenraum schön aus, sondern verschönern auch die Betreuungsräume und kahle Schulflure. Hier eignen sich die beschriebenen Gestaltungen auf feuerfesten Platten bestens.

Viele der hier vorgestellten Projekte haben einen **jahreszeitlichen Bezug** oder sind einem bestimmten Anlass oder Thema zugeordnet und lassen sich häufig mit anderen Unterrichtsinhalten oder Fächern verbinden. So können Sie das ganze Jahr über auf verschiedenste Ideen zurückgreifen. Einige der vorgestellten Dekos sind nicht nur rein dekorativ, sondern erfüllen darüber hinaus noch bestimmte Funktionen, wie z. B. die Frühstücks-Sets oder die Kresse-Köpfe. Sie lassen sich auch gut zu bestimmten Anlässen, wie Weihnachten oder Muttertag, verschenken. Einige Dekorationen sind eher für einen kürzeren Zeitraum geeignet, andere eignen sich auch als dauerhafte Klassenraum-Deko.

Vorwort

Die Projekte sind in **verschiedene Schwierigkeitsstufen** eingeteilt, die Ihnen die Auswahl erleichtern sollen.

Bei vielen Projekten haben wir mit **Abfall- und Recyclingmaterialien** gearbeitet. Das ist kostengünstig, schafft ein gutes Bewusstsein für die Umwelt, einen bewussten Umgang mit Müll und macht sehr viel Spaß. Empfehlenswert ist es, schon im Vorfeld mit den Kindern einen Fundus zu sammeln, auf den Sie bei Bedarf zurückgreifen können.

Sehr gut geeignet sind z. B.:
- ✔ alte Pappschachteln und -rollen
- ✔ Verpackungsmaterialien, leere, ausgespülte Tetrapaks und Spülmittelflaschen
- ✔ Papier- und Stoffreste
- ✔ Naturmaterialien

Außerdem sollten alle Schüler über grundlegende Bastel- und Zeichenmaterialien verfügen:
- ✔ Klebestift, Flüssigklebstoff
- ✔ Schere
- ✔ Wasserfarben guter Qualität, Pinsel, Wasserbehälter
- ✔ Bunt- und Wachsmalstifte guter Qualität
- ✔ Zeichenblock
- ✔ Malkittel

In der Klasse sollte außerdem vorhanden sein:
- ✔ Acryl- oder Abtönfarben in den Grundfarben, sowie Schwarz und Weiß
- ✔ verschiedene Papiere (Schmierpapier, farbiges Tonpapier, Packpapier, Pappe)
- ✔ evtl. Ölkreiden und Acrylstifte
- ✔ Kleister
- ✔ Heißklebepistole und Klebepatronen
- ✔ Abdeckung für den Arbeitsplatz (alte Zeitungen, Plastiktischdecken)
- ✔ leere Eierkartons als Paletten

Die Kinder sollten generell in den Kunststunden alte Kleidung anziehen und ihre Malkittel tragen, damit es nicht zu unschönen „Überraschungen" kommt. Ebenso sollte der Arbeitsplatz gut abgedeckt sein. Bei der Arbeit mit einer Heißklebepistole sollten die Kinder einen angemessenen Umgang mit dem Gerät erlernen: Sie heißt nicht nur so, sie ist auch wirklich sehr heiß! Bei jüngeren und motorisch unsicheren Kindern empfiehlt sich entsprechende Hilfestellung bzw., diese Klebearbeit selbst vorzunehmen.

Viel Spaß beim Basteln!
Silke Bachner

* Aus Gründen der besseren Lesbarkeit habe ich in diesem Buch durchgehend die männliche Form verwendet. Natürlich sind damit auch immer Frauen und Mädchen gemeint, also Lehrerinnen, Schülerinnen etc.

Autorin

Silke Bachner hat drei Kinder und eine Katze und wohnt in Dortmund. Sie arbeitet freiberuflich als bildende Künstlerin und Kunstpädagogin und ist u. a. Dozentin im Museum Ostwall im Dortmunder U.

Gemeinsam mit der Theaterpädagogin Birgit Schwennecker betreibt sie das Atelier Schönspur in Dortmund, wo sie Kunst, Theater und Performance machen. Zusammen mit Kindern, Jugendlichen und Erwachsenen bringen sie Kunst auf die Straße, in den Alltag und zu den Menschen – oder in die Schulen: überall dahin, wo viele Menschen sind, die Spaß daran haben, wenn das Leben etwas bunter wird.

Die Angebote im Überblick

Projekt	Angebot	Alter	Doppelstunde	Schwierigkeit	Anlass	Seite
1	Eigenheim mit Kressegarten	ab 6	ca. 2	●●	Frühling, Erkundung des Schulumfeldes, Recycling	10
2	Florale Schuhprofil-Drucke	ab 6	1	●	Frühling, Sommer, Kunstaktion auf dem Schulhof	14
3	Krasse Kresse-Köpfe	ab 6	1–2	●●	Frühling, ganzjähriger Kräutergarten auf der Fensterbank	17
4	Fruchtig-frische Frühstücks-Sets	ab 6	1–2	●	Frühling, Sommer	20
5	Matschköpfe	ab 6	2	●	Frühling, Sommer, Erkundung des Schulumfeldes	23
6	Blumentopf-Zwerge und Garten-Geishas	ab 6	1	●	Frühling, Sommer	26
7	Das große Krabbeln	ab 6	1–2	●	Frühling, Sommer, fächerübergreifend	29
8	Sommer-Tape-Art	ab 6	1–2	●	Sommer, tolle Deko für ein Fest	32
9	Fundstücke	ab 6	1	●	Herbst, nach den großen Ferien	36
10	Fett gedruckt mit Riesenstempeln	ab 6	1–2	●	Herbst	40
11	Monstermoves	ab 6	ca. 2	●	Halloween, Karneval oder Schulfeste	43
12	Papierlaternen	ab 6	1–2	●	Winter, Lichterfest, Sankt Martin	48
13	Vögel in Schwarz-Weiß	ab 6	2–3	●●	Winter, fächerübergreifend	51
14	Eisige Aussichten	ab 6	2	●	Winter, fächerübergreifend	54
15	Winterdrucke	ab 6	1–2	●	Winter	57
16	Karneval der Tiere	ab 6	ca. 3	●●	Karneval, Winter	60

Die Angebote im Überblick

Projekt	Angebot	Alter	Doppelstunde	Schwierigkeit	Anlass	Seite
17	Komm, wir machen blau	ab 6	2		zu allen Festen als besondere Wand-Deko	64
18	Urlaub im Klassenzimmer	ab 6	2-3		alle Jahreszeiten, evtl. fächerübergreifend	68
19	Grell-bunt, monster-mäßig, riesen-groß	ab 6	2-3		alle Jahreszeiten, Halloween	72
20	Klassenprofil oder „Wer wir sind"	ab 6	2-3		alle Jahreszeiten	76
21	Mit allen Sinnen – Materialbilder	ab 6	2-3		alle Jahreszeiten	79
22	Schilderwald – Wo geht's lang?	ab 6	2-3		alle Jahreszeiten, Raumleit-system, Orientierungshilfe	82
23	Teller-Porträts	ab 6	2-3		alle Jahreszeiten, evtl. Geburtstagskalender	85
24	Kleider machen Leute	ab 6	3		zum Schuljahresanfang, Karneval, als Geburtstags-kalender, aber auch zu allen Jahreszeiten	88
25	Märchenkisten/Weihnachtskisten	ab 6	ca. 2		alle Jahreszeiten	91

Frühling & Sommer

Projekt
1

Eigenheim mit Kressegarten

Alter	ab 6
Zeitaufwand	ca. 2 Doppelstunden
Schwierigkeitsstufe	mittel
Anlass, Jahreszeit oder Fest	Frühling, Erkundung des Schulumfeldes, Recycling

Kurzbeschreibung

Träumt ihr auch von eurem eigenen Haus mit Garten? Dann baut euch eines: Aus einem Tetrapak, etwas Farbe und Papier, Blumenerde und Kressesamen gestaltet ihr eure ganz persönlichen Eigenheime und aus euren Gärten könnt ihr jeden Morgen frische Kresse für das gemeinsame Frühstück ernten.

Material

- ✓ 2 Tetrapaks pro Kind
- ✓ Scheren
- ✓ einige Fotokameras
- ✓ evtl. Zeitschriften
- ✓ Klebestifte
- ✓ Blumenerde
- ✓ Kressesamen (evtl. andere Kräutersamen, zum Beispiel Schnittlauch)

Eigenheim mit Kressegarten

So geht es

- Sammelt zunächst große oder kleine Saft- oder Milch-Tetrapaks und spült sie gründlich aus.
- Messt nun vom Boden aus ca. 10 cm ab und markiert diese Höhe an mehreren Stellen, sodass ihr eine gerade Linie einzeichnen könnt. Auf dieser Höhe schneidet ihr den oberen Teil nun entlang der eingezeichneten Linie ab, sodass ihr am Ende einen ca. 10 cm hohen Behälter bekommt. Hier füllt ihr später die Blumenerde und die Kressesamen ein.
- Als nächstes macht ihr, ausgerüstet mit Kameras, einen Ausflug in die nähere Umgebung der Schule und fotografiert die schönsten Fassaden, Fenster, Dächer und Balkone. Für eure Gärten könnt ihr außerdem noch Mauern, Zäune oder Ziegelsteine fotografieren. Diese Fotos druckt ihr auf DIN-A4-Papier farbig aus.
- Die Fotos benutzt ihr nun als Collagematerial für eure Traumhäuser: Schneidet einzelne Elemente aus und klebt sie mit Klebestift auf eure Milchkartons. Es macht Spaß, mit verschiedenen Größenverhältnissen zu experimentieren oder auch ausgeschnittene Teile aus Zeitschriften einzubauen. Natürlich könnt ihr auch selbstgezeichnete Details benutzen. Es sieht auch toll aus, wenn man beide Techniken kombiniert.
- Als Nächstes beklebt ihr noch euren „Garten" mit entsprechenden Motiven: Mauern, Zäunen, Buchsbaumhecken … – so wie es euch am besten gefällt. Wenn alles fertig ist, braucht ihr nur noch Blumenerde und Kressesamen (oder auch Schnittlauch oder andere Kräuter) einzufüllen und eure Häuser und Gärten auf der Fensterbank im Klassenraum zu platzieren. Regelmäßig gießen nicht vergessen und schon bald könnt ihr euer Frühstück mit frischer Kresse und anderen Kräutern aufpeppen:

  Bon appétit!

Projekt
1

Eigenheim mit Kressegarten

Tipp

Der Ausflug in die Schulumgebung und das Fotografieren von Fassaden sind tolle Highlights, machen sehr viel Spaß, schulen die Wahrnehmung für die Umgebung und sind eine schöne Abwechslung zum Unterricht im Klassenzimmer. Natürlich lassen sich die Häuser aber auch mit selbst gezeichneten Hauselementen gestalten.

Eigenheim mit Kressegarten

Projekt 2

Florale Schuhprofil-Drucke

Alter	ab 6
Zeitaufwand	1 Doppelstunde
Schwierigkeitsstufe	leicht
Anlass, Jahreszeit oder Fest	Frühling, Sommer, Kunstaktion auf dem Schulhof

Kurzbeschreibung

Mithilfe von alten Schuhen bedruckt ihr Papier mit großen, bunten Blumen und riesigen Blüten: eine schöne Kunstaktion für den Schulhof im Frühling und Sommer und eine wunderschön-sommerliche Deko fürs Klassenzimmer.

Material

- mehrere alte Schuhe
- Abdeckplane
- große Papierbogen (mindestens DIN A3, besser noch DIN A2 oder Tapetenrollen), evtl. farbig
- Kreppband
- mehrere Farbwannen oder Deckel von Plastikeimern als Paletten
- Fingerfarben oder andere flüssige Farben, zum Beispiel Gouache oder Acryl
- Farbrollen
- Scheren

Florale Schuhprofil-Drucke

So geht es

- Sammelt alte, abgelaufene, zu klein gewordene oder kaputte Schuhe. Bringt sie mit und schaut euch die Sohlen an: Ihr werdet feststellen, dass sie ganz unterschiedliche Profile haben. Diese Profile eignen sich super zum Drucken von unterschiedlichen Mustern. Und die Schuhform erinnert ein wenig an Blütenblätter. Was liegt also näher, als die Schuhe zum Drucken von großen Blüten zu benutzen? Dazu arbeitet ihr am besten bei schönem Wetter im Freien.

- Legt den Boden als Erstes mit Abdeckplane aus und breitet euer Papier darauf aus. Am besten klebt ihr es mit etwas Kreppband am Untergrund fest, ebenso die Abdeckplane, damit nichts wegfliegt. In die Farbwannen füllt ihr nun verschiedene Farben. Sehr schön sehen Pastelltöne aus.

- Mit den Farbrollen bestreicht ihr nun die Schuhsohlen. Es ist lustig, mit den angezogenen Schuhen auf dem Papier rumzulaufen. Blütenmuster zu drucken ist mit dieser Technik aber etwas schwierig. Probiert es aus. Einfacher geht es, wenn ihr mit euren Händen in die Schuhe schlüpft und mit diesen besonderen „Handschuhen" druckt. Natürlich könnt ihr auch noch grüne Blätter, Stiele oder Ranken drucken.

- Die fertigen Drucke lasst ihr trocknen und schneidet dann die Blumen aus. An die Wände eures Klassenzimmers gehängt, verwandeln die Blumen es mit dieser Deko im Nu in ein schönes Blütenmeer.

Florale Schuhprofil-Drucke

Krasse Kresse-Köpfe

Alter	ab 6
Zeitaufwand	1–2 Doppelstunden
Schwierigkeitsstufe	mittel
Anlass, Jahreszeit oder Fest	Frühling, ganzjähriger Kräutergarten auf der Fensterbank

Kurzbeschreibung

Aus Ton formt ihr Hohl-Köpfe, die im Ofen gebrannt werden und in die ihr dann Erde füllt, Kressesamen hineinstreut und wartet, bis krasse Kresse-Frisuren gewachsen sind. Sieht super aus und schmeckt toll!

Material

- ✓ 2 Pakete Ton (à 10 kg)
- ✓ 1 dünner Draht zum Schneiden
- ✓ evtl. Plastikunterlagen oder Holzbrettchen (auf keinen Fall Zeitung)
- ✓ Tonwerkzeug oder kleine Messer und Löffel
- ✓ Schaschlikspieße
- ✓ Blumenerde
- ✓ Kressesamen

Krasse Kresse-Köpfe

So geht es

- Jedes Kind bekommt genau so viel Ton, dass es ihm gut mit beiden Händen verarbeiten kann (etwa so groß wie eine große Kartoffel). Zunächst schlagt ihr euren Ton mehrmals kräftig auf den Tisch, damit eventuell vorhandene Luftbläschen entweichen können. Das ist ganz wichtig, weil sich später beim Brennen des Tons die Luft ausweiten und eure Köpfe explodieren würden.
- Anschließend formt ihr mit beiden Händen ein großes Ei. Dieses höhlt ihr vorsichtig mit dem Tonwerkzeug, einem kleinen Messer oder Löffel aus. Passt dabei auf, dass die Wände eures Gefäßes nicht zu dünn werden, aber nehmt trotzdem genug weg, sodass ihr die Köpfe später mit ausreichend Erde befüllen könnt. Die obere Öffnung sollte natürlich auch entsprechend groß sein, im Verhältnis etwa so wie bei einem Frühstücksei, das ihr mit dem Messer „köpft".
- Wenn ihr ein schönes, ausgehöhltes Ei habt, könnt ihr unten noch einen kurzen, kompakten Hals ansetzen. Dazu rollt ihr eine etwa 2 cm kurze, dicke Rolle und raut sie an einer Seite gut an, um sie auf die ebenso aufgeraute Unterseite des Kopfes zu setzen. Nun müsst ihr beide Teile noch gut verschmieren. Das Anrauen aller zu befestigenden Teile ist wichtig, damit die Teile auch nach dem Trocknen verbunden bleiben.
- Das Gleiche könnt ihr nun nach und nach mit den einzelnen Gesichtsteilen machen: Augen lassen sich gut aus kleinen Kügelchen formen; mit Schaschlikspießen noch Punkte als Pupillen reinpiksen und fertig sind die schönsten Augen. Probiert einfach aus, welche Form der Mund, die Nase und die Ohren haben sollen. Achtet nur darauf, dass die Teile nicht zu dünn werden, weil sie sonst schnell brechen. Wenn eure Köpfe fertig sind, könnt ihr unten auf den Hals noch euren Namen einritzen. Nun müsst ihr etwas Geduld haben. Die Köpfe müssen 2–3 Wochen an der Luft trocknen, bevor sie im Töpferofen nach Anleitung gebrannt werden können. Falls es an eurer Schule keinen

Krasse Kresse-Köpfe

Brennofen gibt, findet man häufig Brennöfen in Bastelläden mit Töpfereibedarf oder besonderen Töpferläden. Die Köpfe sehen unglasiert sehr schön aus, besonders, wenn nach dem Befüllen und Sameneinfüllen die ersten Kresse-Haare sprießen. Aber natürlich können die Köpfe auch nach Anleitung glasiert und ein zweites Mal gebrannt werden. Regelmäßiges Gießen nicht vergessen und dann viel Spaß beim Abernten.

Projekt
4

Fruchtig-frische Frühstücks-Sets

Alter	ab 6
Zeitaufwand	1–2 Doppelstunden
Schwierigkeitsstufe	leicht
Anlass, Jahreszeit oder Fest	Frühling, Sommer

Kurzbeschreibung

Mit frischen Früchten, knackigem Gemüse und leckeren Zutaten gestaltet ihr kleine Kunstwerke, die ihr erst fotografiert und dann aufessen dürft. Die Fotos druckt ihr später im DIN-A3-Format farbig aus und laminiert sie. So geschützt, machen sie euch euer gemeinsames Frühstück so richtig schmackhaft, denn das Auge isst ja bekanntlich mit.

Material

- ✓ Obst, Gemüse, Käse, Wurst, Kekse, Lakritzschnecken usw.
- ✓ kleine Brettchen und Gemüsemesser zum Schneiden
- ✓ evtl. Buchstaben-Ausstechformen
- ✓ schöne, dekorative Teller
- ✓ Papiere und Stoffe als Unterlagen
- ✓ Kamera
- ✓ Drucker
- ✓ DIN-A3-Papier
- ✓ Laminierfolie DIN A3

Fruchtig-frische Frühstücks-Sets

So geht es

- Dass eure Klasse Geschmack hat und Fantasie, könnt ihr mit diesem besonderen Eat-Art-Projekt zeigen: Bringt verschiedene Obstsorten, wie Weintrauben, Äpfel oder auch Erdbeeren, sowie verschiedene Gemüsesorten mit. Super eignen sich zum Beispiel Fenchel oder auch Ingwer, Kartoffeln oder Kohlköpfe. Außerdem könnt ihr auch mit Keksen, Wurstscheiben oder Käse, Bonbons oder Lakritzschnecken schöne Tellerbilder gestalten.
- Als Erstes solltet ihr eure Hände gründlich waschen, weil ihr ja wie echte Köche mit Lebensmitteln arbeitet und diese später auch noch essen wollt. Schneidet nun vorsichtig das Obst und Gemüse in einzelne Teile oder benutzt es als Ganzes – je nachdem, wozu euch das Obst und Gemüse inspirieren. Auf schönen Tellern legt ihr nun aus den einzelnen Obst- und Gemüseteilen und den anderen Lebensmitteln Gesichter, Figuren oder kleine Landschaften. Mithilfe von Buchstaben-Ausstechformen für Kekse könnt ihr auch Wörter aus Käse oder Wurst ausstechen und in eure Gestaltung einbauen.
- Eure fertigen Tellerbilder setzt ihr nun auf einen farblich passenden Untergrund. Sehr gut geeignet sind dafür schöne Geschenkpapiere oder auch Tapetenreste und Stoffe.
- Nun fotografiert ihr eure essbaren Kunstwerke und danach dürft ihr sie alle zusammen aufessen … hmmm, lecker!
- Die Fotos druckt ihr im DIN-A3-Format aus und laminiert sie. Ihr könnt sie nun beim gemeinsamen Frühstücken als Tischsets auf eure Tische legen und euch immer wieder neu an ihnen sattsehen.

Tipp

Die Fotos können auf MDF-Platten aufgezogen und als Wanddeko genutzt werden.

Fruchtig-frische Frühstücks-Sets

Matschköpfe

ab 6	Alter
2 Doppelstunden	Zeitaufwand
leicht	Schwierigkeitsstufe
Frühling, Sommer, Erkundung des Schulumfeldes	Anlass, Jahreszeit oder Fest

Kurzbeschreibung

Aus Naturmaterialien und Lehm oder Ton gestaltet ihr „Matschköpfe", die ihr auf die Fensterbank stellen, mit denen ihr in der Puppenecke spielen oder die ihr auch als Vogelscheuchen in den Schulgarten stecken könnt.

Material

- ✓ Lehm oder wahlweise Ton
- ✓ Naturmaterialien aus der Umgebung, wie Moos, Blätter, Stroh, Weizen, Hafer usw.
- ✓ je ein Stock pro Kind
- ✓ Zeitungspapier
- ✓ 1 Klassensatz Schaschlikspieße
- ✓ evtl. Heißkleber und Klebepatronen
- ✓ evtl. Blumendraht
- ✓ Flaschen
- ✓ Sand

Projekt
5

Matschköpfe

So geht es

- Wenn eure Köpfe vom vielen Lernen so richtig matschig sind, dann ist das genau das Richtige: Gibt es in der Nähe der Schule ein Lehmloch? Super, dann rüstet euch mit Eimern und Schaufeln aus und sammelt so viel ein, dass jedes Kind eine Handvoll Lehm bekommt. Wenn es keinen brauchbaren Lehm in eurer Nähe gibt, könnt ihr natürlich auch auf Ton aus dem Fachhandel zurückgreifen. Außerdem sammelt ihr noch für jedes Kind einen etwa fingerdicken Stock ein, der später als Stab für eure Figur dient, sowie Moos, Blätter usw. zum Verzieren. Vielleicht könnt ihr ja einen Ausflug in einen nahe gelegenen Wald machen und bei der Gelegenheit euer Material sammeln. Zurück im Klassenraum, legt ihr eure gesammelten Materialien auf Zeitungspapier aus und lasst sie trocknen.
- Formt aus dem Lehm die Köpfe: so groß, dass ihr den Lehm gut mit euren Händen umfassen könnt. Mit Schaschlikspießen könnt ihr Details, wie Augen usw., einritzen. Noch schöner werden eure Köpfe, wenn ihr die Augen als kleine Kugeln formt und aufsetzt, noch zwei kleine Punkte als Pupillen einstecht – und fertig sind die Augen. So könnt ihr auch Nasen, Lippen usw. aufsetzen. Wichtig ist es, dass ihr eure Teile immer etwas anritzt und nach dem Aufsetzen etwas glattstreicht, damit sie nach dem Trocknen auch noch halten.
- Spießt nun die fertigen Köpfe auf eure Stöcke. Mit euren gesammelten Materialien könnt ihr Mooshaare aufkleben oder Blätterumhänge basteln. Am besten ist hierfür Heißkleber geeignet. Dafür benötigt ihr jedoch die Hilfe eines Erwachsenen. Ihr könnt aber auch Klebestifte oder Flüssigkleber benutzen. Die Blätterumhänge könnt ihr zudem noch mit etwas Blumendraht am Stock befestigen.
- Die fertigen Matschköpfe könnt ihr super auf der Fensterbank präsentieren. Das geht sehr gut in leeren, ausgespülten und mit etwas Sand befüllten Flaschen.

Matschköpfe

- Habt ihr vielleicht einen Schulgarten? Dort könnt ihr sie prima als dekorative Vogelscheuchen einsetzen. Das ist natürlich nichts für die Ewigkeit, denn der Regen wird die Köpfe nach und nach etwas schrumpfen lassen.

Projekt
6

Blumentopf-Zwerge und Garten-Geishas

Alter	ab 6
Zeitaufwand	1 Doppelstunde
Schwierigkeitsstufe	leicht
Anlass, Jahreszeit oder Fest	Frühling, Sommer

Kurzbeschreibung

Mit wenig Aufwand, etwas Farbe und bunten Tape gestaltet ihr süße Figürchen für Blumentöpfe und Fensterbank.

Material

- ✓ kleine Holzspielfiguren
- ✓ Zeichenblöcke DIN A3
- ✓ Buntstifte
- ✓ Holzperlen
- ✓ Filz- oder Acrylstifte
- ✓ gemustertes Tape
- ✓ Flüssigkleber oder Heißkleber und Klebepatronen
- ✓ etwas Watte oder rohe Wolle

Blumentopf-Zwerge und Garten-Geishas

So geht es

- In gut sortierten Bastelläden gibt es unbehandelte Spielfiguren aus Holz. Diese könnt ihr leicht in kleine Zwerge für den Kräutergarten im Blumentopf oder niedliche, japanische Geisha-Figuren verwandeln.
- Guckt euch zunächst im Internet Abbildungen von Gartenzwergen und Geishas an. Entwerft anschließend auf Zeichenpapier mit Bleistift und Buntstiften eure eigenen Zwerge oder Geishas.
- Für die Frisuren der Geishas klebt ihr zum Beispiel eine kleinere Holzperle als Dutt auf die Spielfigur oder jeweils links und rechts vom Kopf. Bemalt diese mit Acryl- oder Filzstiften, sodass sie aussehen wie die aufwendigen Frisuren der japanischen Geishas.
- Für die Zipfelmützen der Zwerge schneidet ihr ein Stück Tape ab und klebt es spitz zulaufend, wie einen Zipfel, auf die Spielfigur.
- Die jeweilige Bekleidung der Geishas und der Zwerge malt ihr mit den Acryl- oder Filzstiften auf. Besondere Bekleidungsstücke wie zum Beispiel Gürtel, Schleppen usw. könnt ihr mit dem farbigen Tape ankleben. Den typischen Zwergenbart klebt ihr mit etwas Watte an eure Figuren.

Blumentopf-Zwerge und Garten-Geishas

Das große Krabbeln

Alter	ab 6
Zeitaufwand	1–2 Doppelstunden
Schwierigkeitsstufe	leicht
Anlass, Jahreszeit oder Fest	Frühling, Sommer, facherubergreifend

Kurzbeschreibung

Wunderschöne, neonfarbige, wild gemusterte, kleine und größere Krabbeltiere laufen über Wände und Fensterscheiben und bringen euch den Frühling näher.

Material

- ✓ Tierlexika, Biologiebücher usw.
- ✓ Bleistifte
- ✓ Zeichenpapier DIN A4
- ✓ farbiges Tonpapier oder Packpapier
- ✓ Filz- oder Acrylstifte (evtl. neonfarben)
- ✓ Scheren
- ✓ Kleister bzw. Klebefilm

Das große Krabbeln

So geht es

- Schaut euch in Biologiebüchern und Tierlexika Käfer und andere Insekten an.
- Zeichnet zunächst mit Bleistift auf Zeichenpapier verschiedene Insekten. Achtet dabei auf alle Besonderheiten: Hat das Tier Fühler? Wie sehen die Beine aus, wie das Muster?
- Übertragt den schönsten Entwurf auf farbiges Tonpapier oder Packpapier. Malt die Muster mit verschiedenfarbigen Filz- oder Acrylstiften aus und umrandet die einzelnen Muster noch einmal in einer anderen Farbe. Schneidet die Tiere anschließend an den Rändern vorsichtig aus.
- Als Nächstes streicht ihr die Rückseiten mit Kleister ein und klebt sie innen auf eure Fensterscheiben oder ihr befestigt sie mit etwas Klebefilm an den Wänden.

Das große Krabbeln

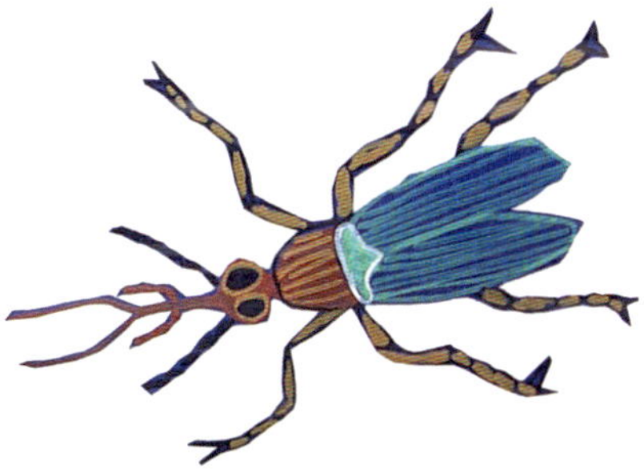

Tipp

Besonders schön sieht es aus, wenn ihr die Käfer in einer langen geschlängelten Linie hintereinanderher krabbeln lasst.

Projekt 8

Sommer-Tape-Art

Alter	ab 6
Zeitaufwand	1–2 Doppelstunden
Schwierigkeitsstufe	leicht
Anlass, Jahreszeit oder Fest	Sommer, tolle Deko für ein Fest

Kurzbeschreibung

Diese sommerliche Klassengestaltung ist mit einigen Rollen Masking Tape schnell an die Wände und Fenster eures Klassenzimmers gezaubert. Das geht kinderleicht und macht garantiert gute Laune.

Material

- ✔ Bleistifte
- ✔ Zeichenblöcke DIN A3
- ✔ verschiedene Rollen Masking-Tape
- ✔ Scheren
- ✔ evtl. Tafelkreide

Sommer-Tape-Art

So geht es

- Was fällt euch alles zu „Sommer“ ein? Na klar: Ferien, Sonne, Meer, Eiscreme ... Damit ihr aber nicht erst bis zu den großen Ferien warten müsst, um richtiges Sommer-Feeling zu bekommen, probiert es doch mal mit dieser tollen Deko. Sammelt alle Begriffe und Dinge, die euch zu „Sommer“ einfallen, und zeichnet sie vor. Achtet dabei darauf, dass ihr einfache Skizzen mit geraden Linien anfertigt, denn mit dem Tape könnt ihr ja später auch nur gerade Linien kleben. Außer gegenständlichen Dingen könnt ihr auch einfache Wörter schreiben und später mit dem Tape an die Wände kleben.
- Wählt die schönsten Skizzen aus, sucht eine geeignete Wand oder ein Fenster und klebt mit mehreren Streifen Masking Tape euren Entwurf vergrößert an die Wand. Masking Tape sind einfarbige oder bunt gemusterte Klebebänder aus leicht transparentem, japanischem Washi-Papier. Es besteht aus langen Pflanzenfasern, ist sehr flexibel und stabil und lässt sich von den meisten Oberflächen rückstandslos entfernen. Ihr könnt euren Entwurf entweder freihand an die Wand kleben oder auch mit Tafelkreide vorzeichnen oder sogar einen Diaprojektor zum Vergrößern und An-die-Wand-Werfen eurer Skizze benutzen.
- Schneidet am besten nach und nach mehrere, nicht zu lange Streifen des Klebebands ab und klebt dann Stück für Stück eures Sommersymbols an die Wand. Noch etwas festdrücken – und fertig ist die schönste Deko.

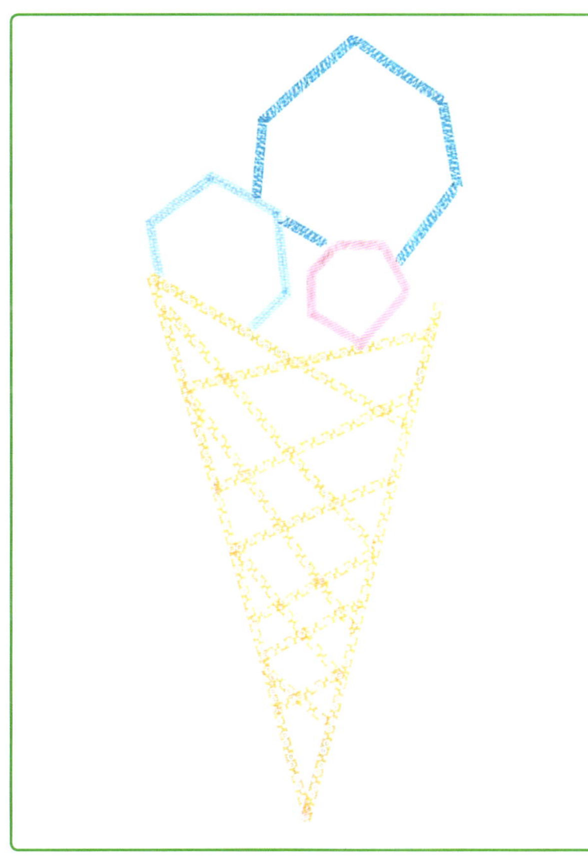

Projekt 8

Sommer-Tape-Art

Tipp

Das sogenannte Masking Tape gibt es in gut sortierten Bastelläden. Es ist genau für diesen Zweck gemacht und lässt sich rückstandslos entfernen. Im Internet findet man schöne Beispiele für Tape-Art. Natürlich lässt sich mit dem Tape auch wunderbar zu anderen Themen arbeiten, zum Beispiel zum kreativen Einführen von ersten Zahlen und Buchstaben, zur Gestaltung einer Winter-Deko, zum Schmücken des Klassenzimmers bei einem besonderen Fest und zu vielem mehr.

Herbst & Winter

Projekt 9

Fundstücke

Alter	ab 6
Zeitaufwand	1 Doppelstunde
Schwierigkeitsstufe	leicht
Anlass, Jahreszeit oder Fest	Herbst, nach den großen Ferien

Kurzbeschreibung

Aus gefundenen Dingen, die jedes Kind aus dem Sommerurlaub mitbringt, entsteht eine bunte Wand voller spannender Geschichten.

Material

- gefundene oder gesammelte Dinge aus dem Sommerurlaub (Muscheln, Steine, Eisschirmchen, -löffel usw.)
- farbiger Tonkarton oder farbige Pappe
- Scheren
- Filzstifte oder Fineliner
- evtl. Buchstabenstempel
- Locher
- Paketband oder Wolle
- evtl. Fotokamera
- evtl. Wasserfarben

Fundstücke

So geht es

- Als Hausaufgabe bekommt jedes Kind vor den Sommerferien den Auftrag, einen gefundenen Gegenstand aus dem Urlaub oder aus den Ferien zu Hause mit in die Schule zu bringen.
- Nach den Ferien breitet ihr eure mitgebrachten Schätze auf dem Boden vor euch aus und erzählt dazu die Geschichte eures Gegenstandes. Anschließend gestaltet ihr zu eurem Fundstück ein Etikett, auf dem ihr euren Namen, den Fundort und den Namen des Gegenstandes verzeichnet. Dies sieht besonders schön auf kleinen Schildchen aus braunem Pappkarton aus. Ihr könnt natürlich auch farbigen Tonkarton benutzen.
- Mit Finelinern, bunten Filzstiften und verschiedenen Schriften oder auch mit kleinen Buchstabenstempeln könnt ihr die Namen besonders hübsch gestalten. Natürlich könnt ihr vorher auf einem Schmierblatt verschiedene Schriften ausprobieren.

Fundstücke

- In die Schildchen stanzt ihn danach mit dem Locher ein Loch und fädelt ein Band durch. Das Band wickelt ihr um den Gegenstand und verknotet es mit einer Schlaufe am Ende fest, sodass ihr den Gegenstand anschließend aufhängen könnt. Das klappt bei nicht ganz so schweren Dingen gut mit stabilem Tape. Vielleicht habt ihr auch die Möglichkeit, an einer freien Wand kleine Nägel in die Wand zu schlagen, an denen ihr eure Objekte anschließend aufhängen und präsentieren könnt. Ihr könnt aber auch eine Wäscheleine spannen und daran eure Fundstücke befestigen. Bitte achtet darauf, dass etwas schwerere Gegenstände sicher hängen und nicht herunterfallen können.
- Die Wand verschönert euren Klassenraum und versüßt mit den Erinnerungen an die Ferien die Rückkehr in den Schulalltag. Die Gegenstände haben aber auch einen hohen Aufforderungscharakter und eignen sich sehr gut zum Geschichten-Schreiben. Wenn man sie fotografiert, kann man die ausgedruckten und ausgeschnittenen Gegenstände auch toll zu Bildern verarbeiten, indem man mit Wasserfarbe weitermalt oder Collagen aus ihnen klebt.

Tipp

Man kann dieses Thema wunderbar variieren: Zu Weihnachten kann jedes Kind einen weihnachtlichen Gegenstand mitbringen, zum Schulanfang kann jedes Kind einen Gegenstand mit einem bestimmten Anfangsbuchstaben mitbringen, sodass am Ende ein Alphabet aus mitgebrachten Dingen die Wand ziert.

Fundstücke

HOLZ GEFUNDEN IN DÄNEMARK VON KIM
ORANGENPAPIER AUS FRANKREICH
METALLSTÜCK GEFUNDEN AUF DEN KANAREN VON ANNA
MUSCHEL
NATURSCHWAMM GEFUNDEN IN Griechenland

Projekt
10

Fett gedruckt mit Riesenstempeln

Alter	ab 6
Zeitaufwand	1–2 Doppelstunden
Schwierigkeitsstufe	leicht
Anlass, Jahreszeit oder Fest	Herbst

Kurzbeschreibung

Eine Baumscheibe schmückt ihr kunstvoll mit einem Moosgummi-Muster und stempelt damit tolle Bilder fürs Klassenzimmer.

Material

- ✓ Zeichenblöcke DIN A3
- ✓ Bleistifte
- ✓ Moosgummi DIN A4 für jedes Kind oder auch entsprechend viele Moosgummi-Reste
- ✓ Scheren
- ✓ 1 Baumscheibe für jedes Kind
- ✓ Flüssigkleber
- ✓ schwarze oder farbige Linoldruckfarbe
- ✓ 3–4 Linoldruckrollen oder Schaumstoffrollen
- ✓ 3–4 Farbwannen

Tipp

Die Baumscheiben bekommt man günstig in einer Landschaftsgärtnerei oder in einem Forstbetrieb.

Fett gedruckt mit Riesenstempeln

So geht es

- Schaut euch Mandalas mit geometrischen Formen oder anderen schönen Mustern an. Entwerft ein eigenes Mandala aus leichten Formen mit Bleistift auf eurem Zeichenblock. Am besten fangt ihr in der Mitte an und arbeitet euch von da aus nach außen vor. Natürlich könnt ihr auch Blumenmuster oder andere leichte Ornamente entwerfen. Lasst euch von Vorlagen aus dem Internet, historischen Fliesen oder Jugendstilmustern inspirieren.
- Übertragt das Muster, das euch am besten gefällt, auf euer Moosgummi und schneidet es vorsichtig aus. Arbeitet dabei platzsparend an den Rändern. Aus den Reststücken lassen sich nämlich noch weitere Formen schneiden.
- Nun klebt ihr in die Mitte der Baumscheibe die erste Form mit etwas Flüssigkleber. Von der Mitte aus arbeitet ihr nun Stück für Stück nach außen, bis schließlich die ganze Baumscheibe bedeckt ist.
- Wenn der Kleber getrocknet ist, könnt ihr auf den Stempel mit einer Rolle etwas Linoldruckfarbe geben. Am besten funktioniert es, wenn ihr an 3 bis 4 Tischen Druckstationen einrichtet, an denen jeweils bis max. 8 Kinder drucken können. Ihr könnt natürlich auch verschiedene Farben benutzen, dann müsst ihr die Stempel aber jedes Mal säubern, bevor ihr eine neue Farbe benutzt. Streicht die Rolle gut an der Farbwanne ab, damit nicht zu viel Farbe auf den Stempel gelangt.
- Nun druckt ihr euren Stempel vorsichtig auf einem weißen DIN-A3-Blatt ab. Achtet darauf, dass ihr den Stempel mittig anordnet und dass nichts verrutscht. Besonders schön sehen die Drucke aus, wenn sie nebeneinander angeordnet und präsentiert werden. Die verschiedenen grafischen Schwarz-Weiß-Muster haben in der Menge eine tolle Wirkung.

Fett gedruckt mit Riesenstempeln

Monstermoves

ab 6	Alter
ca. 2 Doppelstunden	Zeitaufwand
leicht	Schwierigkeitsstufe
Halloween, Karneval oder Schulfeste	Anlass, Jahreszeit oder Fest

Kurzbeschreibung

Mithilfe von Packpapier und schwarzer Farbe gestaltet ihr lebensgroße Monster, die Wände, Fenster und Schulflure bevölkern.

Material

- ✓ Zeichenblöcke DIN A3
- ✓ Bleistifte
- ✓ festes Packpapier auf der Rolle
- ✓ Wachsmalstifte
- ✓ Acrylfarbe in Schwarz oder schwarze Filzstifte
- ✓ evtl. Pinsel
- ✓ Scheren
- ✓ Klebeband oder Klebefilm
- ✓ evtl. feste Pappe

Projekt 11

Monstermoves

So geht es

- Auf Zeichenblockpapier entwerft ihr zunächst verschiedene Monster, in unterschiedlichen Positionen und mit verschiedenen Gesichtsausdrücken: lachend, grölend, knurrend, verliebt usw. Stellt euch gegenseitig eure Kreaturen vor.
- Danach arbeitet ihr in 2er-Gruppen zusammen. Jeder von euch bekommt einen Bogen Packpapier, etwas länger als ihr selbst groß seid. Breitet den Bogen auf dem Fußboden aus. Einer von euch legt sich jeweils auf den Bogen Packpapier, der andere umrandet die Konturen des Liegenden mit Wachsmalstiften. Dabei könnt ihr übertreiben, indem ihr die Finger besonders lang zeichnet, nur die äußeren Linien der Arme oder Beine nachzeichnet und diese dann entweder viel dünner oder viel dicker als eure echten Arme und Beine zeichnet. Ihr wollt ja nicht euch abbilden, sondern Monster. Den Kopf lasst ihr frei und zeichnet diesen später überdimensional groß an die leere Stelle.
- Dann zeichnet ihr noch das Gesicht, Krallen, Schuppen, Warzen, einen 3. Arm, einen Schwanz oder Ähnliches ein.
- Mit einem Borstenpinsel in mittlerer Stärke malt ihr nun die vorgezeichneten Linien mit schwarzer Acrylfarbe nach. Ihr könnt statt mit Acrylfarbe auch sehr gut mit einem wasserfesten, schwarzen Filzstifte arbeiten. Wenn ihr fertig seid, kann euer Monster trocknen und der jeweils Andere von euch legt sich auf den zweiten Bogen Packpapier. Verfahrt wie oben beschrieben, sodass jeder von euch ein Monster gestaltet.
- Die getrockneten Monster schneidet ihr aus und klebt sie mit Klebeband oder Klebefilm an die Wände, Fenster oder in die leeren Flure.
- Passend zu dieser schaurig-schönen Gestaltung könnt ihr noch Monstermasken basteln. Zeichnet dazu überdimensionale Köpfe auf feste Pappe und schneidet sie aus. Nun könnt ihr sie abgestimmt zu euren Wandmonstern schwarz-weiß oder farbig gestalten.

Monstermoves

Variante 1

- Das Monsterthema ist sehr ergiebig, regt die Fantasie sehr an und ist bei Jungen und Mädchen gleichermaßen beliebt. Einmal damit begonnen, entwickelt es sich häufig zu einem wahren Selbstläufer, der viele Kunststunden füllen kann. Eine sehr schöne Wandgestaltung bzw. Raumgestaltung zu Halloween entsteht auch, wenn man mit den Kindern über Monster in Alltagssituationen, zum Beispiel beim Kochen, beim Schlafen, auf dem Skateboard usw., spricht und Pappreste, Kartons und Farbe zur Verfügung stellt.

Tipp

Im hinteren Teil des Klassenraums aufgestellt, eignet sich die Monsterecke sehr gut zum Spielen und ersetzt eine Puppenecke mit gekauften Materialien wunderbar.

Material

- ✓ Zeichenblöcke DIN A3
- ✓ Bleistifte
- ✓ Pappreste und Kartons in verschiedenen Größen
- ✓ Acrylfarbe in unterschiedlichen Farben (evtl. auf Gelb, Pink und Rot beschränken, um eine harmonische Gesamtgestaltung zu erzielen)
- ✓ 1 Klassensatz Borstenpinsel in verschiedenen Größen
- ✓ Wasserbehälter
- ✓ Pappteller als Palette
- ✓ schwarze Filzstifte
- ✓ Stoff- und Papierreste
- ✓ Scheren
- ✓ Klebestifte
- ✓ evtl. Cutter
- ✓ Heißkleber und Klebepatronen
- ✓ selbstklebendes Klettband

So geht es

- Zeichnet zunächst mit dem Bleistift eine Skizze, die ein Monster in einer Alltagssituation zeigt.
- Übertragt eure Skizze nun auf stabile (aber nicht zu dicke) Pappe und malt sie mit Acrylfarbe farbig aus. Besonders schön wird es, wenn ihr die Konturen mit einem schwarzen Filzstift betont. Die Kleidung eures Monsters könnt ihr auch aus buntem Stoff oder Papier ausschneiden und aufkleben.
- Nun schneidet ihr euer Monster mit einer Schere aus. Falls das sehr schwierig ist, kann euch euer Lehrer mit einem Cutter dabei helfen. Ihr könnt außerdem aus verschieden großen, angemalten Kartons und Verpackungsmaterialien Häuser oder Möbel für eure Monster bauen oder auch kleine Säulen und Ablagen, auf denen ihr eure Monster später auf der Wand präsentiert. Zum Fixieren von einzelnen Pappteilen miteinander eignet sich eine Heißklebepistole am besten.
- Die Monster haften sehr gut mit selbstklebendem Klettband an der Wand und können so auch später rückstandslos wieder entfernt werden.

Monstermoves

Variante 2

- Ist nur wenig Zeit vorhanden, eignen sich selbst gestaltete Monster-Sticker sehr gut für eine Halloween-Deko. Zeichnet dazu mit Bleistift auf verschieden große Packpapierstücke (von Briefmarkengröße bis DIN A4) Monstergesichter oder ganze Monster. Malt sie mit schwarzen und weißen Filzstiften aus und verziert noch die Ränder zum Beispiel mit Zick-Zack-Mustern usw.
- Damit aus diesen Bildern Sticker werden, müssen sie von der Rückseite mit einer speziellen, selbst gemixten Emulsion eingestrichen werden. Diese trocknet zunächst und kann dann später wie eine Briefmarke angeleckt und aufgeklebt werden.

Rezept für selbstklebende Emulsion

1 Tütchen Gelatine in 1 Teelöffel kaltem Wasser quellen lassen. Nach ca. 5 Minuten 3 Teelöffel kochendes Wasser sowie einen halben Teelöffel Glukosesirup hinzufügen. Alles gut verrühren und auf die Rückseite der Sticker auftragen. Das geht besonders gut mit einem Schwämmchen. Danach trocknen lassen und später wie eine Briefmarke anlecken – fertig!

Monstermoves

Projekt 12

Papierlaternen

Alter	ab 6
Zeitaufwand	1–2 Doppelstunden
Schwierigkeitsstufe	leicht
Anlass, Jahreszeit oder Fest	Winter, Lichterfest, Sankt Martin

Kurzbeschreibung

Aus Luftballons und Transparentpapier bastelt ihr zauberhafte, stimmungsvolle Laternen, in die ihr Blüten und Gräser einarbeitet.

Material

- ✓ Luftballons
- ✓ Kreppband
- ✓ weißes Transparentpapier
- ✓ Kleister
- ✓ Blüten und Gräser
- ✓ Scheren
- ✓ evtl. Zirkel
- ✓ dünner Draht
- ✓ Teelichte
- ✓ evtl. Gläser für Teelichte

Papierlaternen

So geht es

- Jedes Kind bekommt einen (ovalen) Luftballon und pustet ihn so weit auf, dass er in etwa die Größe einer Grapefruit erreicht. Die Luftballons verknotet ihr nun und klebt sie mit etwas Kreppband am Tisch fest, damit sie beim Bekleben nicht dauernd wegfliegen.
- Reißt nun 2–3 Bögen weißes Transparentpapier in Stücke, die nicht größer als die Innenfläche eurer Hand sein sollten. Den Papierhaufen schiebt ihr ans Tischende, weit genug entfernt vom Kleistertopf, damit ihr das Papier nicht schon während des Gestaltens vollkleckert.
- Nun beklebt ihr nach und nach den Ballon mit dem Transparentpapier. Legt dazu jeweils ein Stück auf eure Hand und streicht es danach mit der anderen Hand und wenig Kleister ein. Klebt die einzelnen Stücke nun übereinander lappend auf den Luftballon.
- Nach 2–3 Schichten legt ihr die zuvor gesammelten Gräser oder Blüten – sie dürfen ruhig frisch sein – auf den Ballon und kleistert diese ebenfalls mit einer weiteren Schicht Papier ein.

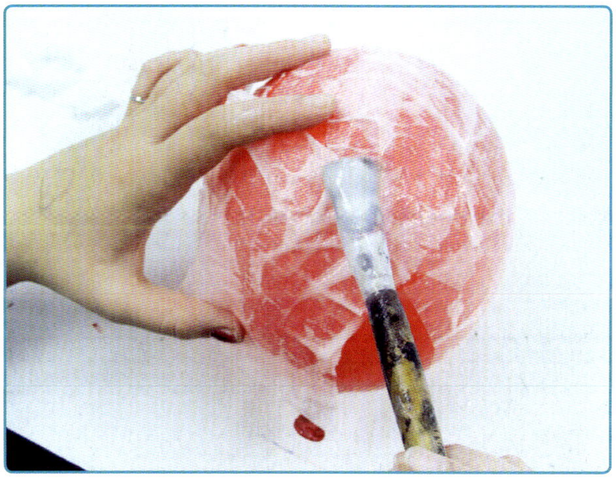

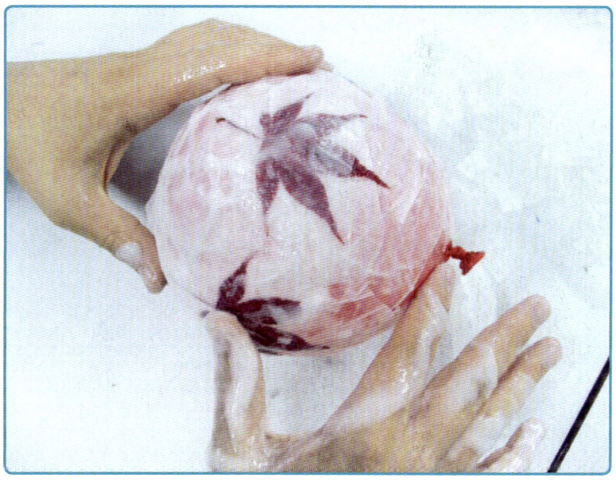

Papierlaternen

- Lasst eure Ballons nun bis zur nächsten Kunststunde trocknen und zeichnet danach an der Oberseite einen Kreis von etwa 10–15 cm Durchmesser auf. Schneidet den Kreis vorsichtig auf, nehmt den Luftballon heraus und stecht an zwei Seiten mit einer spitzen Schere oder einem Zirkel Löcher ein. Durch die Löcher biegt ihr nun einen dünnen Draht, an dem ihr später eure Laterne halten oder aufhängen könnt.
- Sicherheitshalber könnt ihr auch ein kleines Glas mit einem Teelicht in die Laterne stellen und die Laternen vor euch auf den Tisch oder auf die Fensterbank stellen. Im Winter, wenn es morgens noch dunkel ist, zaubern die Laternen eine wunderschöne, winterliche Stimmung ins Klassenzimmer.

Vögel in Schwarz-Weiß

ab 6	**Alter**
2–3 Doppelstunden	**Zeitaufwand**
mittel	**Schwierigkeitsstufe**
Winter, fächerübergreifend	**Anlass, Jahreszeit oder Fest**

Kurzbeschreibung

Aus etwas Pappe und viel Fantasie zaubert ihr wunderschöne Vögel in Schwarz-Weiß, die Fenster und Wände eures Klassenraums verschönern.

Material

- ✓ Tierlexika, Biologiebücher usw.
- ✓ Zeichenblöcke DIN A3
- ✓ Bleistifte
- ✓ Pappe oder Karton DIN A2 bis DIN A0
- ✓ Acrylfarbe in Schwarz und Weiß
- ✓ Pinsel
- ✓ Scheren
- ✓ Klebepads

Vögel in Schwarz-Weiß

So geht es

- Guckt euch in Biologiebüchern, Lexika oder im Internet Abbildungen von Vögeln an und zeichnet danach mehrere eigene Entwürfe auf ein Zeichenblockblatt.
- Sucht euch euren schönsten Entwurf aus und übertragt diesen vergrößert auf ein entsprechend großes Stück Pappe. Damit die Vögel auch von weitem im großen Klassenraum gut wirken, sollten sie entsprechend groß sein. Benutzt also DIN-A2- bis DIN-A0-Formate.
- Da ihr nur Schwarz und Weiß benutzt und auf jede Farbigkeit verzichtet, solltet ihr mit Mustern und Strukturen arbeiten, die die verschiedenen Vögel interessant machen und ihnen einen persönlichen Ausdruck verleihen. Außer Schwarz und Weiß könnt ihr natürlich noch alle erdenklichen Grautöne mischen.

Projekt 13

Vögel in Schwarz-Weiß

- Malt eure Vögel aus. Besonders gut sieht es aus, wenn ihr danach die Konturen schwarz malt. Die fertigen Vögel lasst ihr gut trocknen und schneidet sie aus. Mit Klebepads könnt ihr sie an Fenster und Wände eures Klassenraums hängen.
- Wenn ihr wollt, könnt ihr mit schwarzer und weißer Farbe noch Sprechblasen gestalten, mit denen ihr eure Vögel „singen" lasst, zum Beispiel in englischer Sprache. Das macht Spaß, sieht witzig aus und ist eine besonders schöne Deko im Herbst und Winter.

Projekt 14

Eisige Aussichten

Alter	ab 6
Zeitaufwand	2 Doppelstunden
Schwierigkeitsstufe	leicht
Anlass, Jahreszeit oder Fest	Winter, fächerübergreifend

Kurzbeschreibung

Mit weißem Transparentpapier, unterschiedlichen weißen Papiersorten und Papptellern gestaltet ihr auf euren Fenstern eine verwunschene Winterlandschaft mit besonderem Ausblick.

Material

- ✓ 1 Paket weiße Pappteller (20–50 Stück)
- ✓ Scheren
- ✓ Klebefilm
- ✓ 2–3 Rollen weißes Transparentpapier
- ✓ Kleister

Eisige Aussichten

So geht es

- Zunächst gestaltet ihr die Fenster: Aus den Papptellern schneidet ihr den mittleren Kreis aus, sodass nur der Ring übrig bleibt.
- Diesen Ring befestigt ihr mit Klebefilm am Fenster, sodass die äußeren Ränder des Rings flach auf der Fensterscheibe aufliegen, also mit der Rückseite des Tellers zu euch. Bringt bis zur Mitte des Fensters mehrere Ringe in verschieden großen Abständen und in unterschiedlichen Höhen an, so entstehen „Gucklöcher". Die obere Hälfte der Fenster bleibt frei.
- Nun reißt ihr von dem weißen Transparentpapier etwa handgroße Stücke ab. Ihr braucht eine ganze Menge. Die Stücke kleistert ihr vorsichtig mit den Fingern ein und klebt sie als Rand um die Ringe, so dass sie am Fenster festkleben. Ihr arbeitet dabei so, dass sich die einzelnen Transparentpapierstücke überlappen.
- Nach und nach kleistert ihr so die Zwischenräume zwischen den einzelnen Gucklöchern zu, sodass etwa die Hälfte des Fensters mit weißem Transparentpapier bedeckt ist. Die obere Hälfte bleibt frei.
- Die Sonne zaubert wunderbare Lichtreflexe auf das weiße Transparentpapier und aus den Gucklöchern bekommt ihr ganz neue, interessante Ausblicke aus eurem Fenster.

Variante

- Passend dazu könnt ihr noch Eisblumen für die Wände oder die Fensterbank basteln.

Zusätzliches Material

- ✓ dünner Silberdraht
- ✓ verschiedene weiße Papiersorten, auch Reste bzw. Verpackungen (auch z. T. bedruckt), mit unterschiedlichen Strukturen oder Prägungen (Tapetenreste)

Eisige Aussichten

- ✓ Kreppband
- ✓ gesammelte dünne Stöcke
- ✓ weiße Farbe (Deckweiß, Acryl- oder Wandfarbe)
- ✓ Pinsel
- ✓ Heißklebepistole und Klebepatronen
- ✓ Konservendosen

So geht es

- Aus den Papptellern schneidet ihr wieder einen Kreis heraus und beklebt nun dieses Loch von hinten mit Transparentpapier. Aus dem feinen Draht biegt ihr nun Blütenblätter, die ihr auch mit eingekleistertem Transparentpapier beklebt. Auf der Rückseite eurer Blüte könnt ihr sie mit etwas Transparentpapier und Kleister festkleben. Nun lasst ihr sie trocknen.
- Natürlich gibt es auch andere Eisblumen, zum Beispiel aus weißen Papierresten, die ihr in Streifen schneidet und als Blütenblätter um die Pappteller klebt. Aus den ausgeschnittenen Kreisen aus den Papptellern könnt ihr noch kleinere Blumen gestalten usw. Hier sind eurer Fantasie keine Grenzen gesetzt. Benutzt allerdings nur weiße Papiersorten, denn es sollen ja Eisblumen werden.
- Die fertigen Blumen könnt ihr mit Klebefilm/Kreppband an den Wänden befestigen.
- Ihr könnt auch draußen Stöcke sammeln, diese mit Deckweiß oder anderer weißer Farbe bemalen und daran die Blüten kleben. Dazu benutzt ihr am besten Heißkleber. Die Blumen sehen in verschiedenen weißen Vasen auf der Fensterbank besonders schön aus. Hübsch sind aber auch silberne Konservendosen in unterschiedlichen Größen.

Winterdrucke

ab 6	Alter
1–2 Doppelstunden	Zeitaufwand
leicht	Schwierigkeitsstufe
Winter	Anlass, Jahreszeit oder Fest

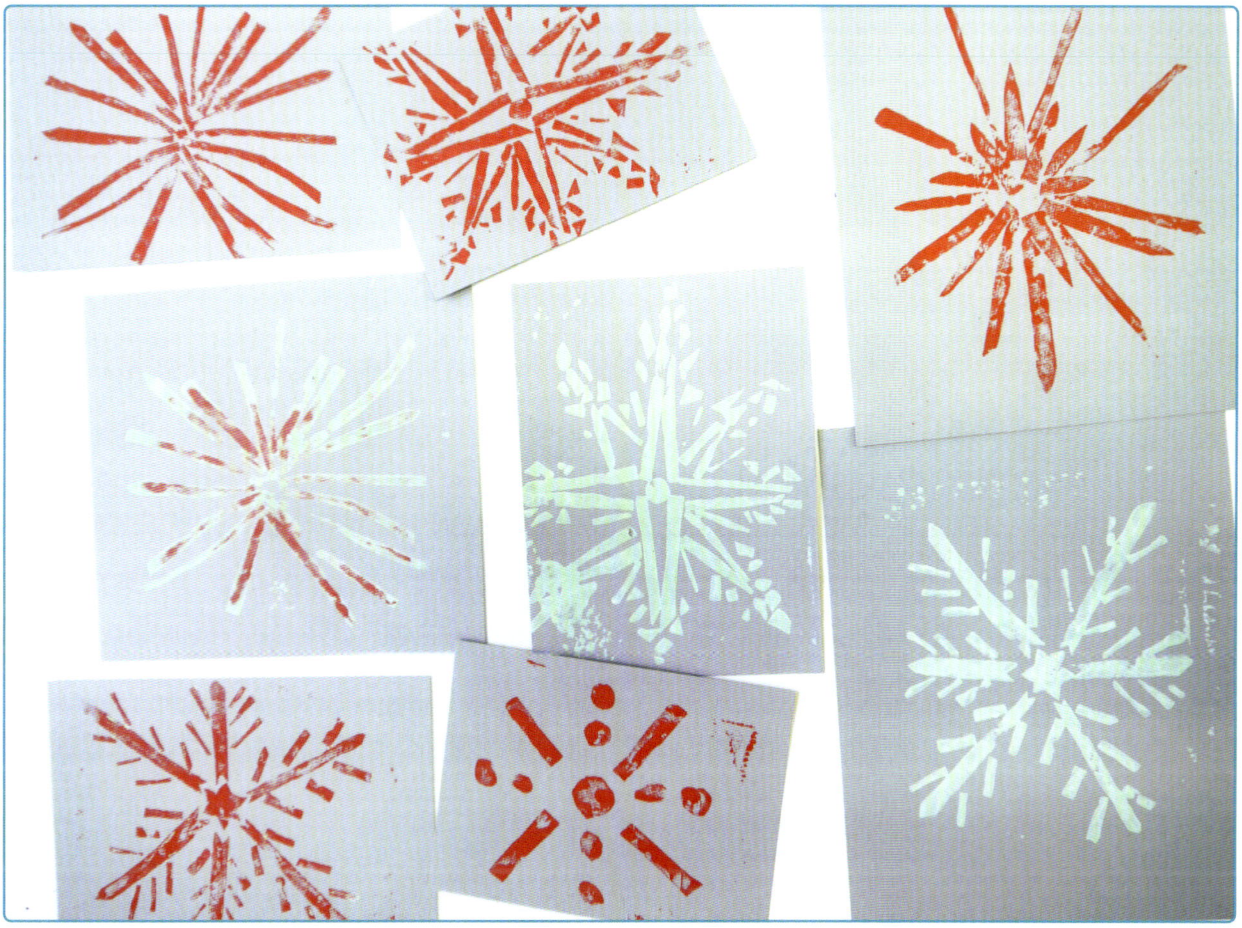

Kurzbeschreibung

Schaut euch die Muster von vergrößerten Eiskristallen an, macht eigene Eiskristall-Stempel und druckt damit zauberhafte Bilder für die eisigen Tage.

Material

- ✓ Zeichenblöcke DIN A3
- ✓ Bleistifte
- ✓ Moosgummi
- ✓ Scheren
- ✓ feste Pappe, zum Beispiel Zeichenblock-Rückseiten (DIN A4) für jedes Kind
- ✓ Flüssigkleber
- ✓ Linoldruckrollen (jeweils ca. 4 Stück pro Klasse)
- ✓ Linoldruckfarbe oder flüssige Farbe zum Drucken
- ✓ Farbwannen
- ✓ evtl. farbiges Tonpapier (DIN A3)

Winterdrucke

So geht es

- Druckt aus dem Internet Abbildungen von verschiedenen Eiskristallen aus und nehmt sie genau unter die Lupe. Wie unterscheiden sie sich voneinander? Aus welchen geometrischen Formen bestehen sie? Entwerft nun selbst Fantasie-Eiskristalle aus leichten Formen mit Bleistift auf eurem Zeichenblock. Am besten fangt ihr in der Mitte an und arbeitet euch von da aus nach außen vor.
- Übertragt das Muster, das euch am besten gefällt, auf euer Moosgummi und schneidet es vorsichtig aus. Arbeitet dabei platzsparend an den Rändern. Aus den Reststücken lassen sich nämlich noch weitere Formen schneiden. Wenn ihr sowieso schon genügend Reste habt, könnt ihr auf diese Weise auch komplett eure Reststücke verwerten und braucht keine neuen Moosgummiplatten anzuschneiden.
- Nun klebt ihr auf die Mitte einer Zeichenblock-Rückseite eure erste Form mit etwas Flüssigkleber. Von der Mitte aus arbeitet ihr euch nun Stück für Stück nach außen vor, bis schließlich eure Eiskristallform fertig ist.
- Wenn der Kleber getrocknet ist, könnt ihr auf den Stempel mit einer Rolle etwas Linoldruckfarbe geben. Am besten funktioniert es, wenn ihr an 3 bis 4 Tischen Druckstationen einrichtet, an denen jeweils bis max. 8 Kinder drucken können.
- Ihr könnt natürlich auch verschiedene Farben benutzen, dann müsst ihr die Stempel aber jedes Mal säubern, bevor ihr eine neue Farbe einsetzt. Streicht die Rolle gut an der Farbwanne ab, damit nicht zu viel Farbe auf die Stempel gelangt. Nun druckt ihr euren Stempel vorsichtig auf einem weißen oder farbigen DIN-A3-Blatt ab. Achtet darauf, dass ihr den Stempel mittig anordnet und dass nichts verrutscht.
- Besonders schön sehen die Drucke in zarten Pastelltönen aus. Ordnet sie eng nebeneinander an einer Wand an.

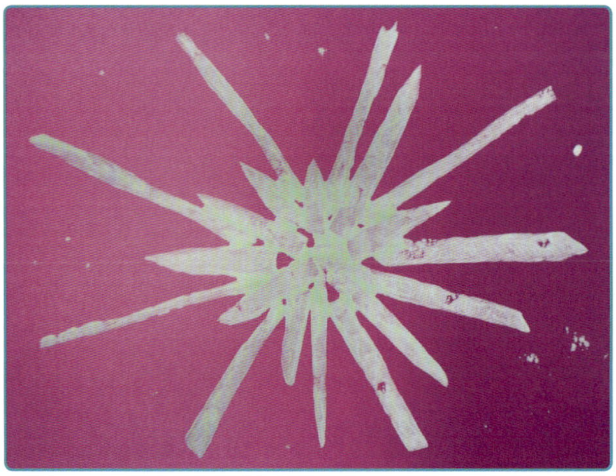

Winterdrucke

Projekt
16

Karneval der Tiere

Alter	ab 6
Zeitaufwand	ca. 3 Doppelstunden
Schwierigkeitsstufe	mittel
Anlass, Jahreszeit oder Fest	Karneval, Winter

Kurzbeschreibung

Aus Papiertüten, etwas Farbe und ganz viel Fantasie gestaltet ihr schöne, wundersame, witzige oder schräge Tiermasken. Diese könnt ihr zu Karneval aufsetzen und einen Karneval der Tiere veranstalten. Gleichzeitig verschönern sie das Klassenzimmer, wenn ihr sie an den Wänden aufhängt.

Material

- ✓ Papiertüten (mittelgroß)
- ✓ Acryl-, Gouache- oder Wasserfarben
- ✓ 1 Klassenset Borstenpinsel (ca. Größe 3)
- ✓ Wasserbehälter
- ✓ Scheren
- ✓ farbige Filz-oder Acrylstifte
- ✓ Pappreste von Verpackungen, evtl. dick
- ✓ diverse Bastelmaterialien (Reste, zum Beispiel Wolle, leere Toilettenpapierrollen, Bast, Stoffe usw.)
- ✓ Heißklebepistole und Klebepatronen oder flüssiger Alleskleber und Kreppband
- ✓ Nägel oder Klebepads
- ✓ evtl. Fotokamera

Karneval der Tiere

So geht es

- Zunächst überlegt ihr euch, welches Tier ihr gestalten möchtet. Dann grundiert ihr die Tüte zunächst in einer Farbe. Da es ja ein Karneval der Tiere ist, kann ein Löwe auch mal blau, ein Elefant grün oder eine Giraffe pink angemalt werden. Hier ist eurer Fantasie keine Grenze gesetzt. Malt die Tüte sorgfältig an allen Seiten an, schneidet die Henkel ab und lasst sie gut trocknen.
- Nun schneidet ihr die Augen aus. Damit ihr die richtige Stelle eurer Augen erwischt, gibt es einen guten Trick: Tunkt eure beiden Zeigefinger in etwas flüssige Farbe. Setzt eure Tüte nun auf und führt anschließend die Zeigefinger blind zu der Stelle, wo ihr eure Augen vermutet. Ihr hinterlasst dort einen farbigen Abdruck. Ihr werdet sehen: Das klappt immer. Eure Hände finden auch blind den Weg zu euren Augen.

Karneval der Tiere

- Schneidet nun Gucklöcher an die markierten Stellen. Besonders ausdrucksstark wird es, wenn ihr die Löcher später noch farbig umrandet. Dazu könnt ihr entweder flüssige Farbe oder dicke Filz- oder Acrylstifte benutzen.
- Wenn euer Tier noch ein Muster hat, malt auch dieses auf und lasst anschließend die Maske wieder trocknen.
- Damit das Tiergesicht dreidimensional wird, könnt ihr eine kleine Schnauze aus Pappresten falten oder auch eine leere Toilettenpapierrolle halbieren, am Ende zusammenknicken und an der Tüte festkleben. Am besten hält das mit Heißkleber. Lasst euch hierbei möglichst von einem Erwachsenen helfen. Wenn ihr Flüssigkleber benutzt, müsst ihr beide Teile bis zum Trocknen des Klebers mit Kreppband fixieren. Nun könnt ihr eure Tiere nach Lust und Laune mit Schnurrbarthaaren aus Bast oder einer Wollmähne weiter verzieren.
- Die fertigen Masken könnt ihr an Karneval aufsetzen, in eurer Klasse an kleinen Nägeln oder mit Klebepads an den Wänden befestigen, damit sie euch schon mal auf Karneval einstimmen. Natürlich verschönern so tolle Masken auch noch nach Aschermittwoch euer Klassenzimmer.

Tipp

Es entstehen tolle Fotos, wenn ihr euch draußen in eurem Ort oder in der Natur gegenseitig mit den Masken fotografiert.

Alle Jahreszeiten

Projekt 17

Komm, wir machen blau

Alter	ab 6
Zeitaufwand	2 Doppelstunden
Schwierigkeitsstufe	leicht
Anlass, Jahreszeit oder Fest	zu allen Festen als besondere Wanddeko

Kurzbeschreibung

Mit verschiedenen Blautönen malt ihr auf Packpapier eine große Festtafel und bestückt diese nach und nach mit blauen Utensilien, die ihr ebenfalls auf Packpapier aufmalt und ausschneidet.

Material

- ✔ mehrere Rollen Packpapier
- ✔ Bleistifte
- ✔ Acryl- oder Schultemperafarbe (Blau sowie Weiß, Gelb und Rot zum Mischen)
- ✔ 1 Klassensatz Borstenpinsel in unterschiedlichen Stärken
- ✔ Geschenkpapier-, Stoff- oder Tapetenreste in verschiedenen Blautönen
- ✔ Scheren
- ✔ Klebeband

Komm, wir machen blau

So geht es

- In einer Spielaktion sucht zunächst jedes Kind einen blauen Gegenstand in der Klasse und legt ihn in die Mitte auf den Boden. Betrachtet nun die verschiedenen Blautöne und überlegt, was es darüber hinaus für blaue Dinge gibt, zum Beispiel Himmel, Wasser, Pflaumen, Blaubeeren, Vergissmeinnicht usw.
- Anschließend gestaltet ihr aus Packpapier und mit verschiedenen Blautönen einen reich gedeckten Tisch. Zeichnet zunächst einen Tisch auf Packpapier auf und malt ihn mit verschiedenen Blautönen von Hell- bis Dunkelblau über Grünblau und fast Violett aus. Nun wird der Tisch gedeckt mit blauen Dingen: eine blaue Geburtstagstorte, blaue Schüsseln, ein blauer Blumenstrauß, ein sechsarmiger Kerzenleuchter, Flaschen usw. Ihr könnt alles von der Seite zeichnen, könnt aber auch mit der Perspektive experimentieren.
- Jeder malt danach noch ein weiteres blaues Detail aus dem Raum: ein Fenster, einen Stuhl, ein Regal, blaue Menschen, eine blaue Lampe, blaue Vorhänge.
- Ihr könnt die verschiedenen Utensilien auch aus blau gemustertem Papier oder Stoffen in unterschiedlichen Blautönen ausschneiden.
- Sobald eure Objekte trocken sind, schneidet ihr sie aus und klebt sie an die Wand, bis sich euer blauer Tisch und euer blauer Raum nach und nach füllen.
- Besonders witzig ist es, wenn ihr euer blaues Papier-Interieur auf dem Boden auslegt und euch auf dem Boden so platziert, dass es so aussieht, als würdet ihr tatsächlich auf dem blauen Stuhl sitzen. Es entstehen lustige Fotos, wenn ihr die Szene von oben fotografiert.

Komm, wir machen blau

Komm, wir machen blau

Tipp

Nun kann es ein blaues Fest geben. Alle ziehen sich blau an und es gibt blaue Dinge zu essen, zum Beispiel Pflaumen, Blaubeerkuchen oder Kekse, die ihr mit Lebensmittelfarbe blau einfärbt. Natürlich könnt ihr die Gestaltung auch in anderen Farben (zum Beispiel entsprechend der Jahreszeit) vornehmen. Was passiert, wenn ihr „rot seht" und alles rot angemalt wird? Welches Thema eignet sich für eine grüne Gestaltung? usw.

Projekt
18

Urlaub im Klassenzimmer

Alter	ab 6
Zeitaufwand	2–3 Doppelstunden
Schwierigkeitsstufe	leicht
Anlass, Jahreszeit oder Fest	alle Jahreszeiten, evtl. fächerübergreifend

Kurzbeschreibung

Auf großen Untergründen malt ihr Menschen, Tiere und Pflanzen aus verschiedenen Teilen der Erde und holt euch damit die ganze Welt ins Klassenzimmer.

Material

- ✓ Bücher, Atlanten usw. zum Thema
- ✓ Zeichenblöcke DIN A3
- ✓ Bleistifte
- ✓ Farbrollen
- ✓ mehrere Gipsfaserplatten in verschiedenen Formaten oder feste, großformatige Pappe
- ✓ evtl. Cutter
- ✓ feste Pappreste
- ✓ Scheren
- ✓ alte zerschnittene Schwämmchen
- ✓ Tafelkreide
- ✓ Acrylfarben
- ✓ evtl. Leuchtfarben
- ✓ 1 Klassensatz Borstenpinsel sortiert (zum Beispiel Größe 1–6)
- ✓ Eierkartons als Paletten zum Mischen
- ✓ mehrere Packungen Ölkreiden oder Wachsmalstifte
- ✓ Geschenkpapier oder Tapetenreste
- ✓ Kleister
- ✓ ca. 5 l Abschlussfirnis (zum Beispiel Tapetenschutz oder Cappaplex®)

Urlaub im Klassenzimmer

So geht es

- Schaut euch in Atlanten, Büchern und im Internet Abbildungen von verschiedenen Erdteilen und seinen Bewohnern an. Wie sehen die Menschen in der Arktis aus? Welche Tiere leben am Nordpol, welche am Südpol? Welche Trachten tragen Menschen in Südamerika und wie sehen Tempel in Asien aus? Wir haben mit dem Buch „Alle Welt" gearbeitet: Die wunderschönen Illustrationen sind tolle Inspirationen und zeigen, wie man mit einfachen Zeichnungen sehr schöne Gestaltungen hinbekommt.
- Überlegt euch nun, zu welchem Land oder Kontinent ihr arbeiten möchtet. Ihr könnt in Kleingruppen zusammenarbeiten oder allein – je nachdem, auf welches Format ihr malt. Zeichnet zunächst einfache Bleistiftskizzen. Sie dürfen lustig, schön schräg und comic-haft aussehen. Arbeitet besondere Muster und Details, zum Beispiel an den Kleidungsstücken, heraus.
- Als Nächstes grundiert ihr mit Farbrollen einfarbig eure Untergründe. Wenn ihr eine dauerhafte Gestaltung möchtet, benutzt am besten feuerfeste Gipsfaserplatten aus dem Baumarkt. Ihr könnt sie von einem Erwachsenen mit einem Cutter auf die gewünschten Formate zuschneiden und an einer Kante brechen lassen. Natürlich könnt ihr auch stabile Pappe benutzen, dann sollten die Bilder aber besser nicht in Fluchtwegen hängen.
- Den einfarbigen Untergrund gestaltet ihr im nächsten Schritt mit selbst gemachten Schablonen, um beispielsweise Blätter von Bäumen auf das Blatt zu stempeln. Zeichnet dazu auf kleinen, nicht zu dicken Pappstücken die Umrisse von Blättern und Pflanzen. Schneidet das Innere vorsichtig entlang der Umrisslinien aus, sodass ihr eine Negativschablone bekommt. Diese drückt ihr vorsichtig auf die getrockneten Untergründe und tupft sie mit wenig (!) Farbe und kleinen Schwämmchen vorsichtig aus. Mischt dazu unterschiedliche Grüntöne und benutzt kaum Wasser.

Urlaub im Klassenzimmer

- Auf diesen Dschungel-Untergrund übertragt ihr danach euren Entwurf, am besten mit Tafelkreide. Nun malt ihr ihn mit Acrylfarbe aus und umrandet nach dem Trocknen noch die Ränder mit Ölkreide oder Wachsmalstiften.
- Aus Zeitungspapier, Geschenkpapier sowie anderen schön gemusterten Papieren könnt ihr auch einzelne Elemente aus eurer Zeichnung ausschneiden und nach dem Trocknen mit etwas Kleister auf euer Bild kleben.
- Zum Schluss könnt ihr die Bilder noch mit einem Abschlussfirnis, zum Beispiel Tapetenschutz oder Cappaplex®, bestreichen. So sind sie besser vor Schmutz und Sonnenstrahlen geschützt und die Farben leuchten noch mehr.

Urlaub im Klassenzimmer

Projekt
19

Grell-bunt, monster-mäßig, riesen-groß

Alter	ab 6
Zeitaufwand	2–3 Doppelstunden
Schwierigkeitsstufe	leicht
Anlass, Jahreszeit oder Fest	alle Jahreszeiten, Halloween

Kurzbeschreibung

Auf großen Untergründen gestaltet ihr in Kleingruppen leuchtende, bunte und fantastische Bilder. Die Fantasiewesen, Monster und Fabeltiere springen jedem sofort ins Auge und verschönern eure Klasse oder den Schulflur – dauerhaft oder nur für eine Weile.

Material

- ✓ Lexika, Bilderbücher usw.
- ✓ Zeichenblöcke DIN A3
- ✓ Bleistifte
- ✓ mehrere Gipsfaserplatten (für dauerhafte Gestaltungen/Brandschutz) in verschiedenen Formaten oder feste, großformatige Pappe, Holzbretter oder Leinwand (für eher temporären Gebrauch)
- ✓ evtl. Cutter
- ✓ Farbrollen
- ✓ Acrylfarben in Grundfarben (Schwarz und Weiß sowie Neongelb, -pink, -orange und -grün)
- ✓ feste Pappreste
- ✓ Scheren
- ✓ alte, zerschnittene Schwämmchen
- ✓ Tafelkreide
- ✓ 1 Klassensatz Borstenpinsel sortiert (zum Beispiel Größen 1–6)
- ✓ Eierkartons als Paletten zum Mischen
- ✓ mehrere Packungen Ölkreiden oder Wachsmalstifte
- ✓ ca. 5 l Abschlussfirnis (zum Beispiel Tapetenschutz oder Cappaplex®)

Grell-bunt, monster-mäßig, riesen-groß

So geht es

- Schaut euch Lexika mit wilden Tieren an und lasst euch von schönen Bilderbüchern mit wilden und fantastischen Wesen inspirieren. Immer wieder wunderschön, witzig und brandaktuell sind die Klassiker „Wo die wilden Kerle wohnen" von Maurice Sendac und „Der Grüffelo" von Julia Donaldson.
- Zeichnet nun auf ein DIN-A3-Blatt euer selbst erfundenes Fantasiewesen. Zeichnet blattfüllend und legt besonderen Wert auf Details: Wie sehen die Zähne aus? Wie die Krallen? Wie verändert sich die Mimik, wenn es wild, böse und gefährlich ist? Was passiert mit den Mundwinkeln und den Augenbrauen? Schneidet entsprechende Grimassen und schaut euch gegenseitig dabei zu. Setzt sie dann in euren Zeichnungen um.
- Schaut euch auch die Haut von Reptilien an und das Fell und dessen Muster bei verschiedenen Raubkatzen. Lasst diese Eindrücke in eure Zeichnungen einfließen.
- Als nächstes grundiert ihr mit Farbrollen einfarbig eure Untergründe mit Acrylfarbe. Wenn ihr eine dauerhafte Gestaltung möchtet, benutzt am besten feuerfeste Gipsfaserplatten. Die gibt es im Baumarkt. Ihr könnt sie von einem Erwachsenen mit einem Cutter auf die gewünschten Formate zuschneiden und an einer Kante brechen lassen. Wenn ihr es weniger dauerhaft wollt, könnt ihr natürlich auch stabilen Karton, dünne Holzbretter oder Leinwand benutzen.

- Zeichnet als Nächstes auf kleinen, nicht zu dicken Pappstücken die Umrisse von Blättern und Pflanzen. Schneidet das Innere vorsichtig entlang der Umrisslinien aus, sodass ihr Negativschablonen bekommt. Diese drückt ihr vorsichtig auf die farbig grundierten, getrockneten Untergründe und tupft sie mit wenig (!) Farbe und kleinen Schwämmchen vorsichtig aus. Mischt dazu unterschiedliche Grüntöne und benutzt nur sehr wenig Wasser.
- Auf diesen Dschungel-Untergrund übertragt ihr sehr groß eure Zeichnung. Benutzt dazu Tafelkreide. Diese könnt ihr mit einem feuchten Schwamm wegwischen, wenn etwas mal nicht so gelingt, wie ihr es euch vorstellt. Wer große Schwierigkeiten hat, großformatig zu malen, kann vielleicht Hilfestellung bekommen, indem euer Lehrer mit euch gemeinsam die Umrisse des Kopfes aufzeichnet. Dann ist schon mal ein Anfang gemacht und der Rest geht von ganz allein.

Grell-bunt, monster-mäßig, riesen-groß

- Die vorgezeichneten Wesen malt ihr mit Acrylfarbe aus und bringt sie mit Neonfarben schön zum Leuchten.
- Als Letztes umrandet ihr eure fertigen Kreaturen noch mit Ölkreiden oder Wachsmalstiften. Ihr könnt mit diesen Malwerkzeugen auch wunderbar schraffieren und Details wie Schuppen oder das Fell hervorheben.
- Die fertigen Bilder auf den Gipsfaserplatten müssen noch mit einem Abschlussfirnis gestrichen werden und von handwerklich versierten, netten Menschen mit Schrauben an den Wänden befestigt werden.

Grell-bunt, monster-mäßig, riesen-groß

Tipp

Ein wenig Aufwand, der sich aber lohnt. Einmal angeschafft, können die Gipsfaserplatten immer wieder neu übermalt werden – und vielleicht freut sich ja auch der Hausmeister über diese Abwechslung.

Projekt
20

Klassenprofil oder „Wer wir sind“

Alter	ab 6
Zeitaufwand	2–3 Doppelstunden
Schwierigkeitsstufe	leicht
Anlass, Jahreszeit oder Fest	alle Jahreszeiten

Kurzbeschreibung

Auf großen Untergründen malt ihr witzige Porträts zu Themen, mit denen ihr euch im Unterricht beschäftigt oder die ihr in AGs, in den Pausen oder einfach zwischendurch in der Schule macht. Auf die Bilder klebt ihr dann aus schönem Papier geschnittene Wörter, die diese Dinge bezeichnen. So entstehen Bilder, mit denen ihr euer Klassenprofil nach außen wunderschön sichtbar darstellen könnt.

Klassenprofil oder „Wer wir sind"

Material

- ✓ Zeichenblöcke DIN A3
- ✓ Bleistifte
- ✓ mehrere Gipsfaserplatten in verschiedenen Formaten oder feste, großformatige Pappe
- ✓ evtl. Cutter
- ✓ Farbrollen
- ✓ Tafelkreide
- ✓ Acrylfarben in Grundfarben (Schwarz, Weiß, sowie Neongelb, -pink, -orange und -grün)
- ✓ 1 Klassensatz Borstenpinsel sortiert (zum Beispiel Größe 1–6)
- ✓ Eierkartons als Paletten zum Mischen
- ✓ mehrere Packungen Ölkreiden oder Wachsmalstifte
- ✓ Geschenkpapier oder Tapetenreste
- ✓ Scheren
- ✓ Kleister oder Klebestifte
- ✓ ca. 5 l Abschlussfirnis (zum Beispiel Tapetenschutz oder Cappaplex®)

So geht es

- Macht zunächst Skizzen von Profilen. Sie dürfen lustig, schön schräg und comic-haft aussehen. Gern dürfen auch noch Teile des Körpers sichtbar sein, damit ersichtlich wird, was der Mensch gerade tut: essen, sprechen, rechnen usw. Guckt euch dazu am besten vorher Comics an und lasst euch von ihnen inspirieren.
- Als Nächstes grundiert ihr mit Farbrollen einfarbig eure Untergründe mit Acrylfarbe. Wenn ihr eine dauerhafte Gestaltung möchtet, benutzt am besten feuerfeste Gipsfaserplatten aus dem Baumarkt. Ihr könnt sie von einem Erwachsenen mit einem Cutter auf die gewünschten Formate zuschneiden und an einer Kante brechen lassen. Natürlich könnt ihr auch stabile Pappe benutzen, dann sollten die Bilder aber besser nicht in Fluchtwegen hängen.

Klassenprofil oder „Wer wir sind“

- Übertragt nun am besten mit Tafelkreide eure Skizze auf die grundierte Platte. Nun malt ihr sie mit Acrylfarbe aus und umrandet nach dem Trocknen noch die Ränder mit Öl- oder Wachsmalkreide.
- Aus Geschenkpapier, anderen schön gemusterten Papieren oder Zeitungspapier schneidet ihr danach die Wörter aus, die zu eurem Bild und dem, was in eurer Klasse so passiert, passen. Zeichnet vorher die einzelnen Buchstaben nicht zu klein vor, am besten in Druckbuchstaben mit Bleistift.
- Nachdem die Bilder komplett getrocknet sind, könnt ihr die Buchstaben mit etwas Kleister oder Klebestift auf das Bild kleben. Zum Schluss könnt ihr die Bilder noch mit einem Abschlussfirnis, zum Beispiel Tapetenschutz oder Cappaplex®, bestreichen. So sind sie besser vor Schmutz und Sonnenstrahlen geschützt und die Farben leuchten noch mehr.

Mit allen Sinnen – Materialbilder

ab 6	Alter
2–3 Doppelstunden	Zeitaufwand
leicht	Schwierigkeitsstufe
alle Jahreszeiten	Anlass, Jahreszeit oder Fest

Kurzbeschreibung

Auf verschieden großen Untergründen gestaltet ihr mit Acrylfarben und verschiedenen gefundenen Materialien tolle Bilder, die ihr nicht nur mit euren Augen bewundern, sondern auch fühlen oder zum Klingen bringen könnt.

Material

- Zeichenblöcke DIN A3
- Bleistifte
- Acrylfarben in Grundfarben (Schwarz, Weiß)
- alte Tafelschwämme, zerschnitten
- mehrere Gipsfaserplatten (für dauerhafte Gestaltungen/Brandschutz) in verschiedenen Formaten oder dünne Holzplatten bzw. feste, großformatige Pappe

Mit allen Sinnen – Materialbilder

- evtl. Cutter
- Tafelkreide
- 1 Klassensatz Borstenpinsel sortiert (zum Beispiel Größe 1–6)
- Eierkartons als Paletten zum Mischen
- mehrere Packungen Ölkreiden oder Wachsmalstifte
- gefundene und gesammelte Dinge (Kronkorken, Kastanien, Korken, kleine Steine, Muscheln ...)
- Holzleim, guter Alleskleber oder Heißkleber und Klebepatronen
- ca. 5 l Abschlussfirnis (zum Beispiel Tapetenschutz oder Cappaplex®)

So geht es

- Überlegt euch ein Thema, zu dem ihr Bilder gestalten wollt, oder macht zunächst ganz freie Entwürfe auf eurem Zeichenblock.

- Schaut euch in der nächsten Stunde eure Skizzen an und überlegt, wie man die Materialien in eure Skizzen einbauen kann. Bei Unterwasserbildern liegt es natürlich nahe, später Muscheln einzubauen, oder auf Baumbilder Äste und Zweige zu kleben. Überlegt euch aber auch ungewöhnliche Gestaltungen: Aus Kronkorken, die ihr mit Acrylfarbe oder Stiften bemalt, lassen sich tolle Kronkorkenjuwelen herstellen, mit denen ihr eure gemalten Figuren schmückt. Oder ihr klebt ganz viele Kastanien zu einer lockigen Frisur zusammen oder klebt sie als Punkte für einen Käfer auf.
- Als Nächstes grundiert ihr eure Untergründe. Ihr könnt dazu verwandte Farben, zum Beispiel Gelb und Rot, Blau und Grün, mit dem Schwamm auftupfen und bekommt so einen schönen Farbverlauf. Oder ihr grundiert die Untergründe einfarbig.
- Wenn ihr eine dauerhafte Gestaltung möchtet, benutzt am besten feuerfeste Gipsfaserplatten aus dem Baumarkt. Ihr könnt sie von einem Erwachsenen mit einem Cutter auf die gewünschten Formate zuschneiden und an einer Kante brechen lassen. Ihr könnt ebenso gut auch stabilen Karton oder dünne Holzplatten benutzen.

Mit allen Sinnen – Materialbilder

- Übertragt nun am besten mit Tafelkreide euren Entwurf auf die getrocknete Platte. Die Tafelkreide könnt ihr problemlos mit einem feuchten Schwamm wegwischen, wenn mal etwas nicht so gelingt, wie ihr es euch vorstellt. Das vorgezeichnete Motiv malt ihr nun mit Acrylfarbe aus und umrandet die Konturen nach dem Trocknen noch mit Öl- oder Wachsmalkreide.
- Wenn eure Bilder ganz getrocknet sind, klebt ihr je nach Material eure Fundstücke mit Holzleim, Alleskleber oder Heißkleber auf. Lasst euch hierbei eventuell von eurem Lehrer helfen.
- Damit die Farben dauerhaft schön bleiben und die Bilder vor Schmutz geschützt sind, empfiehlt es sich, zum Schluss noch Cappaplex® oder Tapetenschutz aufzubringen.

Schilderwald – Wo geht's lang?

Alter	ab 6
Zeitaufwand	2–3 Doppelstunden
Schwierigkeitsstufe	leicht
Anlass, Jahreszeit oder Fest	alle Jahreszeiten, Raumleitsystem, Orientierungshilfe

Kurzbeschreibung

Damit ihr euch in eurem Klassenraum besser zurechtfindet, malt ihr auf feste Pappe dekorative Schilder, die verschiedene Arbeitsbereiche kennzeichnen. Das macht Spaß und hilft euch, Ordnung zu halten und euch in eurem Klassenraum wohlzufühlen.

Material

- ✓ Zeichenblöcke DIN A3
- ✓ Bleistifte
- ✓ Farbrollen
- ✓ Acrylfarben in Grundfarben (Schwarz, Weiß, sowie Neongelb, -pink, -orange und -grün)
- ✓ mehrere Gipsfaserplatten in verschiedenen Formaten oder feste, großformatige Pappe
- ✓ evtl. Cutter
- ✓ Tafelkreide
- ✓ 1 Klassensatz Borstenpinsel sortiert (zum Beispiel Größe 1–6)
- ✓ Eierkartons als Paletten zum Mischen
- ✓ mehrere Packungen Ölkreiden oder Wachsmalstifte
- ✓ schöne Geschenkpapier- oder Tapetenreste
- ✓ Scheren
- ✓ Kleister oder Klebestifte
- ✓ ca. 5 l Abschlussfirnis (zum Beispiel Tapetenschutz oder Cappaplex®)

Schilderwald – Wo geht's lang?

So geht es

- Macht zunächst Skizzen von lustigen Figuren, die gerade das tun, was ihr besonders kennzeichnen wollt, zum Beispiel zeichnet ihr für die Leseecke ein lesendes Kind, einen Bücherwurm usw. Eure Entwurfe durfen lustig, schon schrag und comichaft aussehen.
- Als Nächstes grundiert ihr mit Farbrollen einfarbig eure Untergründe. Als Untergründe eignen sich sehr gut stabile braune Pappen, gern dürft ihr dazu gebrauchte Kartons recyceln. Wenn ihr eine dauerhafte Gestaltung möchtet, benutzt am besten feuerfeste Gipsfaserplatten aus dem Baumarkt. Ihr könnt sie von einem Erwachsenen mit einem Cutter auf die gewünschten Formate zuschneiden und an einer Kante brechen lassen.
- Übertragt nun am besten mit Tafelkreide eure Skizze auf die grundierte Platte. Nun malt ihr sie mit Acrylfarbe aus und umrandet nach dem Trocknen noch die Ränder mit Öl- oder Wachsmalkreide.

Projekt 22

Schilderwald – Wo geht's lang?

- Aus Geschenkpapier oder anderen schön gemusterten Papieren oder Zeitungspapier schneidet ihr danach die Wörter aus, die den jeweiligen speziellen Bereich in eurem Klassenraum kennzeichnen: Leseecke, Computerecke, Bastelmaterialien, Bibliothek, Fundsachen usw. Zeichnet vorher die einzelnen Buchstaben nicht zu klein vor, am besten in Druckbuchstaben mit Bleistift.
- Nachdem die Bilder komplett getrocknet sind, könnt ihr die Buchstaben mit etwas Kleister oder Klebestift auf das Bild kleben. Zum Schluss könnt ihr die Bilder noch mit einem Abschlussfirnis, zum Beispiel Tapetenschutz oder Cappaplex®, bestreichen. So sind sie besser vor Schmutz und Sonnenstrahlen geschützt und die Farben leuchten noch mehr.

Teller-Porträts

ab 6	Alter
2–3 Doppelstunden	Zeitaufwand
leicht	Schwierigkeitsstufe
alle Jahreszeiten, evtl. Geburtstagskalender	Anlass, Jahreszeit oder Fest

Kurzbeschreibung

Auf Papp- oder Porzellanteller vom Flohmarkt malt jeder von euch sein Porträt. Die Wandteller verzieren später eine Wand, Tür usw., können als Geburtstagskalender genutzt werden und zeigen, wie unterschiedlich und einzigartig ihr seid.

Material

- ✓ Zeichenblöcke DIN A3
- ✓ Bleistifte
- ✓ 1 weißer Pappteller oder weißer/beiger Porzellanteller (gern unterschiedliche Größen) für jedes Kind
- ✓ 1 dicker schwarzer Filzstift (evtl. für Porzellan) für jedes Kind
- ✓ evtl. Plaka®/Wasser- oder, bei Porzellantellern, Porzellanfarbstifte
- ✓ Heißkleber und Klebepatronen
- ✓ Schnur oder Paketband
- ✓ evtl. kleiner Bohrer

Teller-Porträts

So geht es

- Schaut euch im Internet Wandteller an. Es gibt sehr viele verschiedene und sie werden in vielen Kulturen seit Jahrzehnten genutzt, um Wände zu verzieren und besondere Ereignisse, Landschaften oder Menschen abzubilden. Der spanische Künstler Pablo Picasso hat zum Beispiel auch wunderbare Wandteller gestaltet. Berühmt wurde er aber auch mit seiner besonderen Art der Darstellung von Menschen: Er hat zum Beispiel Gesichter mit wenigen durchgehenden Linien gezeichnet.
- Entwerft zunächst auf Papier Gesichter (Fantasiegesichter oder euch selbst) mit wenigen Linien. Versucht auch mal, den Stift nicht abzusetzen, sondern Linien durchzuziehen.
- Wenn ihr genug geübt habt, zeichnet ihr in dieser Technik euer Gesicht mit Filzstift oder dem Porzellanmalstift auf den Teller. Die Gesichter dürfen ruhig schräg aussehen, durch den schwarz-weißen Kontrast und die Reduktion auf wenige Linien wirken sie trotzdem sehr edel.
- Falls ihr es lieber bunt mögt, könnt ihr die Gesichter (oder Hintergründe) auch noch mit Wasser- oder Plakafarbe® ausmalen. Ihr könnt natürlich auch Details wie Haarspangen oder Haare aus Papier- oder Stoffresten ausschneiden und aufkleben. Eurer Fantasie sind hier keine Grenzen gesetzt. Bei den Porzellantellern eignen sich Pozellanfarbstifte besonders gut zum Ausmalen von Details. Die Teller werden später im Backofen nach Anleitung erhitzt und sind sogar bis 60 Grad spülmaschinenfest.
- Zum Aufhängen befestigt ihr auf der Rückseite des Tellers eine kleine Schlaufe aus Paketband mit Heißkleber. In die Porzellanteller müsst ihr mit einem entsprechenden Bohrer ein kleines Loch bohren und ein Stück Schnur zum Aufhängen durchfädeln oder einen geeigneten Montagekleber aus dem Fachhandel benutzen.

Teller-Porträts

- An eine leere Wand in eurer Klasse gehängt, sehen die Teller alle zusammen besonders schön aus. Und wenn ihr euch daran sattgesehen habt, könnt ihr sie natürlich noch beim gemeinsamen Frühstück benutzen.

Projekt 24

Kleider machen Leute

Alter	ab 6
Zeitaufwand	3 Doppelstunden
Schwierigkeitsstufe	mittel
Anlass, Jahreszeit oder Fest	zum Schuljahresanfang, Karneval, als Geburtstagskalender, aber auch zu allen Jahreszeiten

Kurzbeschreibung

Aus Pappe, Tapeten- und Stoffresten gestaltet ihr euch selbst als Anziehpuppen und macht damit eure Klassengemeinschaft zu einer für alle sichtbaren schönen Raumgestaltung.

Material

- ✓ kopierte Fotos mit dem Profil jedes Kindes in Schwarz-Weiß oder farbig, DIN A4
- ✓ dünne, gut zu schneidende Pappe oder stabiles, dickes Papier (je nach Formatwunsch relativ groß)
- ✓ Scheren
- ✓ Tapetenreste, Geschenkpapier-Reste, Spitzenborten, Stoffe, diverse Papiersorten
- ✓ Klebestifte oder Leim
- ✓ selbstklebendes Klettband
- ✓ Heißkleber und Klebepatronen
- ✓ Kordel

Kleider machen Leute

So geht es

- Jedes Kind bringt ein qualitativ hochwertiges Passfoto oder ein anderes Foto, auf dem das Gesicht gut zu erkennen ist, mit. Diese Fotos werden auf DIN A4 vergrößert, ungefähr so groß wie das echte Gesicht, und in Schwarz-Weiß oder farbig ausgedruckt.
- Für den eigenen Kopf gestaltet ihr nun einen Körper und „zieht" diesen an, wie bei einer Anziehpuppe aus Papier. Der Körper wird, möglichst lebensgroß, auf die Pappe aufgezeichnet. Dies kann entweder frei Hand geschehen oder ein Kind legt sich mit dem Rücken auf die Pappe und ein zweites Kind umrandet die Körperkonturen des liegenden Kindes. Den Kopf lasst ihr frei. Dort klebt ihr euren kopierten und ausgeschnittenen Kopf auf.
- Nun schneidet jeder seine Anziehpuppe mit seinem eigenen Konterfei entlang den Konturen aus.
- Damit ihr nicht nackt bleibt und frieren müsst, gestaltet ihr Anziehsachen aus stabilem Papier, Geschenkpapier- oder Stoffresten. Zeichnet zunächst die Form eurer Kleider auf das Papier. Denkt daran, dass die Kleider eurer Papierpuppe passen müssen. Sie sollten also in jedem Fall etwas größer sein.
- Eure Papierkleider gestaltet ihr nun nach euren eigenen Wünschen. Ihr könnt dabei fantastische Designs entwerfen, Zukunftsoutfits oder auch Kleider entsprechend der jeweiligen Jahreszeit. Beklebt dazu die Papierkleider mit Tapetenresten, Geschenkpapieren, Blättern, Ästen, Moos oder bunten Stoffen. Natürlich könnt ihr sie auch mit Spitzenborten usw. verzieren.
- Schneidet sie nun aus und fixiert sie mit Klettband an eurer Figur. Dann befestigt ihr oben am Kopf auf der Rückseite mit Heißkleber noch eine Kordel, damit ihr eure Figuren auch aufhängen könnt.
- Besonders schön sehen eure Figuren aus, wenn ihr sie gruppenweise an die Wände hängt oder auch entlang den Fluren zu eurer Klasse. Da es ja Anziehpuppen sind, könnt ihr von Zeit zu Zeit immer mal wieder neue Outfits entwerfen, so wird's nie langweilig. Wenn ihr auf euren Figuren euer Geburtsdatum unterbringt, erhaltet ihr gleichzeitig einen Geburtstagskalender für eure ganze Klasse. Und wenn ihr euch mit euren Namen verseht, lernt ihr euch ganz schnell kennen, falls ihr eine ganz neue Klasse seid, und neue Lehrer lernen eure Namen schnell auswendig.

Kleider machen Leute

Tipp

Wenn der mangelnde Platz in der Klasse, die hohe Anzahl der Schüler oder wenig vorhandene Zeit eine so großzügige Gestaltung nicht zulassen oder eine weniger aufwendige Gestaltung gewünscht wird, können die Figuren natürlich auch entsprechend kleiner gestaltet werden. Sie sehen auch im DIN-A4- oder DIN-A3-Format sehr hübsch aus.

Märchenkisten/Weihnachtskisten

ab 6	Alter
ca. 2 Doppelstunden	Zeitaufwand
leicht	Schwierigkeitsstufe
alle Jahreszeiten	Anlass, Jahreszeit oder Fest

Kurzbeschreibung

Sammelt leere Schachteln und kleine Pappkisten und gestaltet darin eine märchenhafte Welt aus Pappe in 3D.

Material

- ✔ Pappschachteln in verschiedenen Größen
- ✔ Pappe oder fester Karton
- ✔ Scheren
- ✔ Bunt-, Filz- oder Acrylstifte
- ✔ gemusterte Papiere oder Stoffe
- ✔ Glitzerstifte
- ✔ Acrylfarben
- ✔ 1 Klassensatz Borstenpinsel (Stärke 4)
- ✔ mehrere Pappteller als Farbpalette
- ✔ Wasserbehälter
- ✔ evtl. Zeitschriften, Fotos usw.
- ✔ Klebestifte

Märchenkisten/Weihnachtskisten

So geht es

- Schaut euch Märchenbücher an, bringt eure Lieblingsmärchen mit, lest sie vor und zeichnet Bilder dazu. Aus euren besten Entwürfen wählt ihr Märchenfiguren aus, die ihr in einem selbstgestalteten 3-D-Kasten in Szene setzt und lebendig werden lasst.
- Übertragt dazu entsprechend der Größe eures Kästchens die Figuren auf stabile Pappe und schneidet sie aus. Plant am unteren Ende der Figuren einen Rand ein, den ihr mit ausschneidet und später umknickt, um eure Figuren daran in das Kästchen zu kleben.
- Nach dem Ausschneiden malt ihr eure Figuren mit Bunt- oder Filzstiften farbig an. Sehr schön sieht es auch aus, wenn ihr spezielle Acrylstifte aus dem Bastelbedarf benutzt. Diese Farben sind besonders deckend und leuchtend. Natürlich könnt ihr auch Stoffe benutzen, zum Beispiel für die Kleidung, Fellstückchen für Tiere oder auch Glitzerstifte, mit denen ihr besondere Details hervorhebt.
- Danach malt ihr eure Kiste von innen mit Acrylfarben farbig an. Ihr könnt auch eine Postkarte oder ein Foto als Hintergrund aufkleben oder eine Collage aus Zeitschriften dafür benutzen.
- Wenn alles fertig und getrocknet ist, könnt ihr eure Figuren in der Kiste platzieren. Hintereinandergestellt erzielt ihr einen tollen 3-D-Effekt.
- Besonders schön und märchenhaft werden eure Kisten, wenn ihr noch Bäume oder andere Landschaftselemente aus Pappe ausschneidet und wie oben beschrieben in die Kiste klebt.
- Die Kisten sehen besonders schön und dekorativ aus, wenn ihr sie nebeneinander mit Klebepads an die Wand bringt. Ihr könnt sie natürlich auch auf der Fensterbank platzieren, wenn ihr keine ausreichend große, leere Wand zur Verfügung habt.

Variante

- Genauso wie oben beschrieben könnt ihr natürlich auch andere Themen in den 3-D-Kisten gestalten. So könnt ihr mit der gleichen Technik hübsche Weihnachtskisten gestalten, die in der Weihnachtszeit eine wunderschöne Deko ins Klassenzimmer zaubern und die Vorfreude auf Weihnachten wecken. Vor den Ferien können die Kisten dann abgenommen und mit nach Hause genommen werden. Unter den Weihnachtsbaum gelegt, könnt ihr euren Liebsten damit nochmal eine besondere Freude machen.

Märchenkisten/Weihnachtskisten

Danksagung

Ich möchte mich bei allen Kindern bedanken, die bei den Kunstprojekten mitgemacht haben. Das sind SchülerInnen und Schüler der Johannes-Wulff-Schule, der Wilhelm-Rein-Schule, der Landgrafen-Schule und der Wichlinghofer Grundschule in Dortmund sowie der Parkschule und der Maria-Kunigunda-Schule in Essen. Danke für eure Kreativität! Vielen Dank auch den Lehrern und Schulleitern, die diese Arbeit unterstützt haben, vor allem Frau Zahs von der Landgrafen-Schule für die Bereitstellung der Räumlichkeiten während des Foto-Shootings.

Ganz lieben Dank an die Fotografin Martina Engert, die die Kinder und Kunstwerke so wunderschön abgelichtet hat. Einen herzlichen Dank auch den Kindern aus dem Kinderhaus Dortmund, den Kunstkursen des MO und des Ateliers Schönspur, besonders den beiden „Models" Carla und Mathilda: Ihr könnt nicht nur toll basteln, ihr seht auch noch gut dabei aus ...

Ein großes Dankeschön an euch alle!

Medientipps

Bachner, Silke; Gorski, Sabine:
- **Fensterbilder – große Wirkung ohne Schablone.**
  Verlag an der Ruhr, 2012.
  ISBN 978-3-8346-0958-8

Blahak, Gerlinde:
- **30 x Kunst für 45 Minuten, Klasse 3/4.**
  Verlag an der Ruhr, 2010.
  ISBN 978-3-8346-0626-6

Brandenburg, Birgit:
- **30 x Kunst für 45 Minuten, Klasse 1/2.**
  Verlag an der Ruhr, 2010.
  ISBN 978-3-8346-0625-9

Kaster, Armin:
- **Laternen – große Wirkung ohne Schablone.**
  Verlag an der Ruhr, 2013.
  ISBN 978-3-8346-2457-4

Kirchner, Constanze (Hg.):
- **Kunstunterricht in der Grundschule.**
  Cornelsen Scriptor, 2013.
  ISBN 978-3-589-05114-4

Klug, Andrea; Tonte, Andrea:
- **Mit Kindern das Klassenzimmer gestalten.**
  Oldenbourg, 2012.
  ISBN 978-3-637-01613-2

Klug, Andrea; Tonte, Andrea:
- **Wirkungsvoll mit Papier gestalten.**
  Oldenbourg, 2013.
  ISBN 978-3-637-01814-3

Mizielinska, Aleksandra; Mizielinski, Daniel:
- **Alle Welt. Das Landkartenbuch.**
  Moritz Verlag, 2015.
  ISBN 978-3-8956-5270-7

Schaadt, Susanne:
- **Vorlagen für Geburtstagskalender.**
  Verlag an der Ruhr, 2008.
  ISBN 978-3-8346-0360-9

Scherzer, Gabi:
- **5 Minuten Kreativität für Grundschulkinder.**
  Don Bosco, 2013.
  ISBN 978-3-7698-2010-2

Vogt, Susanne:
- **20 x Künstler für 90 Minuten – Klasse 1/2.**
  Verlag an der Ruhr, 2015.
  ISBN 978-3-8346-2748-3

Vogt, Susanne:
- **20 x Künstler für 90 Minuten – Klasse 3/4.**
  Verlag an der Ruhr, 2015.
  ISBN 978-3-8346-2965-4

Weitere Informationen und Blick ins Buch unter www.verlagruhr.de

Verlag an der Ruhr

Keiner darf zurückbleiben

20 x Künstler für 90 Minuten – Klasse 1/2

Kurze Projekte zu Künstlern und ihren Werken

Kl. 1–2, 96 S., A4, Paperback, vierfarbig
Best.-Nr. 978-3-8346-2748-3

- 20 fertige Doppelstunden zu großen Malern und ihren Werken
- Minimaler Material- und Vorbereitungsaufwand
- Mit sämtlichen Werken und Vorlagen

20 x Künstler für 90 Minuten – Klasse 3/4

Kurze Projekte zu Künstlern und ihren Werken

Kl. 3–4, 96 S., A4, Paperback, vierfarbig
Best.-Nr. 978-3-8346-2965-4

- 20 fertige Doppelstunden zu großen Künstlern und ihren Werken
- Minimaler Material- und Vorbereitungsaufwand
- Mit sämtlichen Werken und Vorlagen

20 x Werken für 90 Minuten – Klasse 3/4

Kurze Projekte für schnelle Erfolge

Kl. 3–4, 96 S., A4, Paperback, vierfarbig
Best.-Nr. 978-3-8346-2611-0

- Kreative Ideen für Ton, Gips, Wachs, Seife, Draht/Metall, Holz und Stein
- 20 kinderleichte Werkstücke mit Schritt-für-Schritt-Anleitungen und anschaulichen Fotos
- Ideal für fachfremd Unterrichtende

25 x Kunst für 90 Minuten – Klasse 1/2

Kurze Projekte für Doppelstunden

Kl. 1–2, 94 S., A4, Paperback, vierfarbig
Best.-Nr. 978-3-8346-2609-7

- 25 unterrichtsfüllende Projekte für Doppelstunden im Kunstunterricht
- Mit übersichtlichen Schritt-für-Schritt-Anleitungen, fertigen Kopiervorlagen und farbigen Bildvorlagen

30 x Kunst für 45 Minuten – Klasse 3/4

Kurze Projekte für schnelle Erfolge

Kl. 3–4, 94 S., A4, Paperback, vierfarbig
Best.-Nr. 978-3-8346-0626-6

- 30 unterrichtsfüllende Kurzprojekte für den Kunstunterricht
- Mit übersichtlichen Schritt-für-Schritt-Anleitungen und fertigen Kopier- und Bildvorlagen

Fensterbilder – große Wirkung ohne Schablone

25 einzigARTige Projekte für das ganze Jahr

Kl. 1–4, 96 S., A4, Paperback, vierfarbig
Best.-Nr. 978-3-8346-0958-8

- Echte Fensterkunst- keine eintönigen Schablonen
- Schritt-für-Schritt-Anleitung mit vielen Beispielfotos

Mehr Informationen unter: www.verlagruhr.de Jetzt portofrei online bestellen!*

*gilt für alle Internetbestellungen innerhalb Deutschlands